AF432221

LAZOS DE MI ALMA

SUPERACIÓN Y VÍNCULOS QUE SANAN

ExLibric

CARMEN PIEDAD HERRERA

LAZOS DE MI ALMA

SUPERACIÓN Y VÍNCULOS QUE SANAN

EXLIBRIC

ANTEQUERA 2024

CARMEN PIEDAD HERRERA

LAZOS DE MI ALMA

SUPERACIÓN Y VÍNCULOS QUE SANAN

Dedicatoria

A mi hermano Benjamín, mi ángel eterno. Aquel que, a pesar de partir tan joven, dejó una huella profunda en mi vida. Fuiste alguien muy importante para mí, y tu luz sigue brillando en mi camino. Aunque la leucemia te llevó a los veintiséis años, jamás logrará borrar el amor y los recuerdos que compartimos. Gracias por haber sido mi inspiración, mi fuerza y mi refugio. Te llevaré siempre en mi corazón, hasta el día en que nos volvamos a encontrar.

Con gratitud y cariño, a todos aquellos que han sido parte de mi vida, para bien o para mal, pues han sido evolución. A mi hermano no biológico Javier que, desde otro país, sigue siendo un pilar en mi vida. A mi ahijado Asier, cuyo amor incondicional me inspira cada día. A todas mis parejas anteriores, quienes, aunque ya no están en mi vida, han sido fundamentales para mi crecimiento personal. A mis hermanas espirituales Michell y Pepi, siempre presentes en mi corazón, aunque la vida nos separe físicamente. A mi familia de sangre, con la que ya no tengo contacto, pero que sigue en mi corazón, aunque ellos no lo crean. A todos mis amigos y amigas, quienes han sido un reflejo de superioridad y sabiduría. A Nicol y su esposo Alfredo, por su apoyo incondicional a lo largo de todo este camino. A las hijas y nietas de mi hermana Auxi, quienes me acogieron como una más en su familia, un pilar de fortaleza y amor inquebrantable.

A Carlos. Tu amor y apoyo incondicional han sido una luz constante en mi vida. Aunque nuestras circunstancias han cambiado, quiero que sepas cuánto valoro cada momento que compartimos. Tu presencia me ha enseñado la importancia de la paciencia, la empatía y la fuerza en los momentos de adversidad.

Este libro, como muchas de nuestras conversaciones, es testimonio de lo que hemos vivido juntos y de cómo esos momentos han moldeado mi visión del mundo. Agradezco tu comprensión y el espacio que has dado para que cada uno de nosotros pueda crecer y sanar.

Espero que encuentres en estas páginas algo de lo que tú has significado para mí y sigues significando, que nuestro viaje, siga siendo una fuente de inspiración y fortaleza para ambos.

A Antonio Díaz, una de las personas que confió en mi historia y creyó en mi capacidad para marcar una diferencia. Gracias por haberme entrenado y guiado en la realización de talleres en el colegio Victoria Kent de Marbella. Estos momentos fueron no solo un aprendizaje invaluable, sino también una experiencia transformadora. Estoy profundamente agradecida por todo lo que aprendí contigo y con esos talleres, que me permitieron crecer como persona y como profesional.

Finalmente, agradezco profundamente a mi asociación Rotary Club Estepona Costa del Sol, con quienes colaboro altruistamente, compartiendo el propósito de hacer de este mundo un lugar mejor.

Advertencia

Este libro está diseñado para proporcionar información general sobre la superación del abuso. No sustituye el asesoramiento profesional de un terapeuta o médico. La información proporcionada en este libro se basa en mi experiencia personal y no debe considerarse como un tratamiento médico o psicológico. Es importante buscar ayuda profesional si estás experimentando dificultades emocionales.

Prefacio

Este libro es la continuación de mi primer trabajo, *Mi lucha por la vida. Mi infancia,* en el cual relaté las experiencias difíciles de mi niñez y cómo superé las adversidades. Aquel primer libro fue una parte esencial de mi propio proceso de sanación y sentó las bases para esta obra, *Lazos de mi alma. Superación y vínculos que sanan.* Este libro profundiza en cómo las relaciones que elegimos y las conexiones que creamos pueden ser transformadoras, no solo para sanar heridas del alma, sino también para ayudarnos a avanzar hacia una vida plena. Es una obra que nace del deseo de compartir cómo, a través de los lazos del alma, podemos encontrar la paz y la fortaleza que necesitamos para sanar.

1

La herida invisible

Introducción

Las experiencias traumáticas dejan cicatrices que no siempre son visibles a simple vista. Estas heridas invisibles, aunque no sangran ni se ven, pueden doler profundamente y persistir durante años. En mi caso, los abusos y la violencia que sufrí durante mi infancia se convirtieron en sombras que me acompañaron durante gran parte de mi vida, afectando no solo mi bienestar emocional, sino también a la capacidad para relacionarme con el mundo y conmigo misma.

El impacto inmediato del trauma

El trauma no es solo un evento; es una experiencia emocional que cambia radicalmente nuestra percepción del mundo. Para quienes hemos sido víctimas de abuso, la realidad se distorsiona y lo que debería ser seguro se convierte en un terreno lleno de peligros invisibles. Desde muy joven, comencé a experimentar síntomas de ansiedad que, en aquel momento, no podía entender. No sabía que esos temores constantes, esa sensación de estar siempre al borde de algo terrible, eran respuestas naturales a los horrores que había vivido.

Ansiedad y miedo constante

El miedo es una respuesta biológica diseñada para protegernos del peligro. Sin embargo, cuando el peligro es constante, como en el caso de un niño que vive en un ambiente abusivo, el miedo se convierte en una parte intrínseca de la vida. Para mí, esto significaba estar siempre alerta, esperando el próximo golpe, la próxima palabra cruel. Este estado de hipervigilancia me acompañó durante muchos años, incluso después de que el abuso físico cesara.

Pesadillas y trastornos del sueño

Las noches también se convirtieron en un campo de batalla. Las pesadillas, vívidas y aterradoras, eran reflejos distorsionados de mis miedos diurnos. Dormir, que debería ser un momento de descanso y recuperación, se convirtió en una fuente de angustia. Los trastornos del sueño que experimenté, incluyendo el insomnio, no solo afectaron mi salud física, sino que también minaron mi capacidad para afrontar los desafíos diarios.

El efecto a largo plazo

Aunque los efectos inmediatos del trauma son devastadores, las consecuencias a largo plazo pueden ser aún más profundas. Con el tiempo, las heridas invisibles pueden afectar cómo nos vemos a nosotros mismos y cómo interactuamos con el mundo que nos rodea. En mi caso, la ansiedad persistente se transformó en una serie de patrones de pensamiento y comportamiento que me llevaron a aislarme, a dudar de mis capacidades y a enfrentar dificultades en mis relaciones personales.

Desconfianza hacia los demás

El abuso infantil es una traición fundamental de la confianza. Las personas que deberían haberte protegido se convierten en las fuentes de dolor, lo que distorsiona la percepción de todas las relaciones futuras. Durante muchos años, me resultó extremadamente difícil confiar en los demás. Cada relación era una prueba de resistencia marcada por la sospecha y el temor a ser lastimada nuevamente.

Autoestima fragmentada

Otra de las secuelas del trauma es la destrucción de la autoestima. El abuso repetido me hizo sentir que no valía nada, que no merecía amor ni respeto. Estas creencias negativas sobre mí misma se arraigaron profundamente, influyendo en mis decisiones y en la forma en que me veía a lo largo de mi vida.

La importancia de la resiliencia

La *resiliencia* es la capacidad de recuperarse rápidamente de las dificultades. Es la clave para superar los traumas y las adversidades que enfrentamos en la vida. En este capítulo, exploraremos cómo desarrollar y fortalecer nuestra resiliencia para enfrentar los desafíos con una actitud positiva.

La resiliencia no es algo que se tenga o no se tenga; es una habilidad que se puede aprender y fortalecer con el tiempo. Para algunas personas, la resiliencia viene de forma natural, mientras que, para otras, requiere un esfuerzo consciente. En mi experiencia, aprendí que la resiliencia es lo que me ha permitido seguir adelante a pesar de los momentos difíciles.

Una de las formas más efectivas de desarrollar resiliencia es enfrentando los problemas de frente, en lugar de evitarlos. Afrontar el trauma y aceptar las dificultades nos permite aprender de ellas y seguir adelante. También es crucial rodearse de personas que nos apoyen y que nos ayuden a mantener una actitud positiva en los momentos más difíciles.

2

La autoestima dañada

Introducción

El abuso no solo deja marcas físicas; destruye la base misma de cómo nos vemos a nosotros mismos. La autoestima, que debería ser un pilar sólido en la vida de cualquier persona, se ve debilitada, fragmentada y, en algunos casos, casi completamente erosionada. Para quienes hemos sido víctimas de abuso, la lucha por reconstruir la autoestima es uno de los desafíos más difíciles que enfrentamos. En este capítulo, exploraremos cómo el trauma afecta la autoestima y qué pasos podemos tomar para comenzar a sanar y reconstruirnos desde adentro.

La destrucción de la autoestima

La autoestima es la valoración que tenemos de nosotros mismos y se construye en gran parte durante la infancia. Un entorno abusivo puede sembrar dudas constantes sobre nuestro valor, nuestros derechos y nuestra capacidad para ser amados. En mi caso, el abuso continuo me llevó a creer que no era digna de amor ni de respeto. Cada insulto, cada golpe, cada acto de violencia se fue sumando a una narrativa interna de desprecio hacia mí misma.

La voz interna del abuso

Con el tiempo, la voz del abusador se convierte en nuestra propia voz interna. Empezamos a internalizar los mensajes negativos que recibimos, creyendo que merecemos el dolor que nos causan. Este fenómeno es común entre las víctimas de abuso: los comentarios hirientes y despectivos que se nos dirigen se convierten en creencias que nos repetimos una y otra vez.

- Ejemplo personal: Recuerdo que cada vez que cometía un error, por pequeño que fuera, escuchaba en mi mente las palabras de quienes me maltrataban: «No sirves para nada», «Nunca vas a ser suficiente». Con el tiempo, empecé a creer esas palabras, lo que debilitó mi capacidad para tomar decisiones, aceptar desafíos y confiar en mis habilidades.

La vergüenza y la culpa

Dos emociones profundamente enraizadas en el abuso son la vergüenza y la culpa. La vergüenza es una emoción que nos hace sentir que somos inherentemente defectuosos, mientras que la culpa nos lleva a creer que somos responsables de nuestro propio sufrimiento. En muchos casos, los abusadores manipulan a sus víctimas para que se sientan culpables por el abuso, creando un ciclo destructivo de autorreproches.

- Ejemplo personal: Durante mucho tiempo, creí que el abuso que sufrí era culpa mía, que de alguna manera lo había provocado o merecido. Esta creencia me llevó a experimentar una profunda vergüenza que me hizo difícil compartir mi historia o pedir ayuda.

Reparando la autoestima

La recuperación de la autoestima después del abuso es un proceso largo y difícil, pero es posible. A lo largo de los años, he aprendido que reconstruir la autoestima no se trata de ignorar o negar lo que ocurrió, sino de reconocer el daño, entenderlo y trabajar activamente para sanar.

Reconociendo el valor intrínseco

Un paso crucial en la recuperación es reconocer que, independientemente de lo que hayamos experimentado, tenemos un valor intrínseco como seres humanos. Este valor no depende de lo que otros piensen de nosotros ni de lo que hayamos vivido.

Comenzar a practicar la autoaceptación es fundamental para reconstruir la autoestima.

- Ejercicio de autoaceptación: Una técnica que me ayudó fue escribir una lista de cualidades y logros, por pequeños que fueran. Al principio, me resultó difícil, pero con el tiempo, esta práctica diaria me permitió comenzar a ver mi valor más allá de las experiencias traumáticas.

Construyendo un nuevo diálogo interno

La voz interna que heredamos del abuso puede ser reemplazada con esfuerzo y práctica. Cambiar este diálogo negativo por uno positivo y realista es clave para mejorar la autoestima.

- Ejercicio de reencuadre cognitivo: Cada vez que te sorprendas pensando algo negativo sobre ti mismo, escribe ese pensamiento y luego reencuádralo de una manera positiva. Por ejemplo, si piensas «Soy un fracaso», intenta reformularlo como «Estoy aprendiendo y creciendo y es natural cometer errores».

Estableciendo límites saludables

Aprender a establecer límites es otra parte esencial de la recuperación. Los límites saludables nos protegen de relaciones y situaciones que pueden reabrir heridas o crear nuevas.

- Ejemplo personal: Al aprender a decir «no» y a priorizar mis propias necesidades, comencé a recuperar el control sobre mi vida y a respetarme a mí misma.

Conclusión

La reconstrucción de la autoestima es una de las tareas más importantes y desafiantes después de haber sufrido abuso. Es un proceso que requiere tiempo, paciencia y mucho amor propio. Sin embargo, es también uno de los pasos más gratificantes, ya que nos permite volver a creer en nuestro propio valor y en nuestra capacidad para vivir una vida plena y significativa.

3

Relaciones interpersonales

Introducción

El trauma no solo afecta nuestra percepción de nosotros mismos, sino que también moldea la forma en que nos relacionamos con los demás. Las relaciones interpersonales, que deberían ser una fuente de apoyo y seguridad, se convierten en un terreno lleno de dificultades para quienes han experimentado abuso. En este capítulo, exploraremos cómo el trauma impacta nuestras relaciones con familiares, amigos, parejas y cómo podemos trabajar para sanar y construir vínculos más saludables.

Impacto del trauma en las relaciones

El abuso deja cicatrices que pueden hacer que las interacciones con los demás sean complicadas y dolorosas. En mi caso, las experiencias traumáticas me hicieron desarrollar una desconfianza profunda hacia las personas, especialmente hacia aquellos que intentaban acercarse demasiado. Este temor a la intimidad, junto con el miedo constante a ser herida nuevamente, hizo que las relaciones interpersonales fueran una fuente de ansiedad en lugar de consuelo.

Desconfianza y miedo a la intimidad

Una de las consecuencias más comunes del trauma es la dificultad para confiar en los demás. Las personas que han sufrido abuso suelen estar en guardia constante, esperando ser traicionadas o lastimadas. Esta desconfianza puede manifestarse en la evitación de relaciones íntimas o en la incapacidad de abrirse emocionalmente a los demás.

- Ejemplo personal: Durante muchos años, me resultaba casi imposible confiar plenamente en alguien. Incluso cuando alguien me demostraba cariño o respeto, siempre estaba esperando que, en algún momento, me lastimara. Este patrón me llevó a sabotear relaciones y a aislarme emocionalmente.

Patrones de dependencia y aislamiento

El trauma puede llevar a extremos opuestos en las relaciones: algunas personas desarrollan una dependencia extrema, buscando constantemente la aprobación y el amor de los demás, mientras que otras tienden a aislarse para protegerse de posibles heridas. Ambos patrones son mecanismos de defensa que, aunque comprensibles, pueden ser perjudiciales a largo plazo.

- Ejemplo personal: Oscilé entre la dependencia y el aislamiento. En algunas relaciones me aferraba demasiado, temiendo perder a la persona mientras que, en otras, me distanciaba por miedo a ser herida. Ninguno de estos enfoques me permitió construir relaciones verdaderamente saludables.

Relaciones tóxicas y repetición del trauma

Otra consecuencia del abuso es la tendencia a involucrarse en relaciones tóxicas o abusivas. Esto se debe, en parte, a la normalización del maltrato durante la infancia, lo que puede hacer que, inconscientemente, busquemos relaciones que reflejen nuestros primeros vínculos, aunque estos hayan sido dañinos.

- Ejemplo personal: Me encontré en varias relaciones donde el patrón de abuso se repetía, a veces de formas sutiles y otras veces de manera más evidente. No fue hasta que reconocí este patrón y busqué ayuda que pude romper el ciclo.

Construyendo relaciones saludables

A pesar de las dificultades es posible construir relaciones interpersonales saludables y satisfactorias después del trauma. Esto requiere un trabajo consciente de autoexploración, establecimiento de límites y desarrollo de la confianza.

El proceso de aprender a confiar

Recuperar la capacidad de confiar es un proceso gradual. No se trata de confiar ciegamente, sino de aprender a discernir quién merece nuestra confianza y quién no. La confianza se construye con el tiempo, a través de la consistencia, la comunicación abierta y el respeto mutuo.

- Ejercicio de confianza gradual: Comienza con pequeñas acciones de confianza. Por ejemplo, comparte algo personal con un amigo cercano y observa cómo responde. Si su reacción es positiva, esto puede reforzar tu confianza en él. Si no es así, utiliza la experiencia como una lección para ajustar tus expectativas.

Estableciendo y respetando límites

Los límites son esenciales para mantener relaciones saludables. Después de haber sufrido abuso es fundamental aprender a establecer límites claros y a respetarlos tanto en nosotros mismos como en los demás. Esto no solo protege nuestra integridad emocional, sino que también define el tipo de relaciones que queremos tener.

- Ejercicio de Establecimiento de Límites: Reflexiona sobre las relaciones en tu vida y define qué comportamientos son aceptables y cuáles no. Comunica estos límites claramente a las personas involucradas. Si alguien no respeta tus límites, considera si esa relación es beneficiosa para ti.

Rompiendo patrones tóxicos

Reconocer y romper los patrones tóxicos en nuestras relaciones es clave para el crecimiento personal. Esto puede implicar terminar relaciones que no son saludables o trabajar activamente para cambiar la dinámica dentro de una relación existente.

- Ejemplo Personal: Al darme cuenta de que estaba repitiendo patrones de dependencia y aislamiento, comencé a trabajar en mí misma, buscando terapia y aprendiendo nuevas formas de relacionarme. Esto no fue fácil, pero con el tiempo, comencé a atraer personas que compartían mis valores y respetaban mis límites.

Conclusión

Sanar las relaciones interpersonales después del trauma es un viaje que requiere tiempo, paciencia y un compromiso con el crecimiento personal. Aunque los desafíos son muchos, también lo son las recompensas. Al aprender a confiar nuevamente, establecer límites saludables y romper con los patrones tóxicos, podemos construir relaciones que nos nutran y nos fortalezcan en lugar de debilitarnos.

4

La salud física y psicológica

Introducción

El trauma no solo afecta a la mente; también tiene un impacto profundo en el cuerpo. Las personas que han sufrido abusos pueden experimentar una amplia gama de problemas físicos, desde dolores crónicos hasta enfermedades psicosomáticas. El estrés constante, el miedo y la ansiedad se convierten en cargas que el cuerpo lleva, a menudo sin que seamos plenamente conscientes de ello. En este capítulo, exploraremos la conexión entre el trauma psicológico y la salud física y cómo podemos comenzar a sanar tanto el cuerpo como la mente.

El trauma y el cuerpo

El cuerpo recuerda. Incluso cuando creemos que hemos dejado atrás nuestras experiencias traumáticas, estas siguen afectando a nuestro cuerpo de diversas maneras. El estrés postraumático y la ansiedad provocados por el abuso pueden manifestarse físicamente, causando síntomas que varían desde malestares menores hasta condiciones médicas graves.

El estrés crónico

Cuando vivimos en un estado constante de alerta, nuestro cuerpo está en un ciclo interminable de respuesta al estrés. El sistema nervioso, diseñado para reaccionar ante el peligro inmediato, permanece activado incluso cuando no hay una amenaza real en el presente. Esta activación continua del sistema de «lucha o huida» puede llevar a problemas físicos significativos.

- Ejemplo personal: Durante años, sentí un nudo constante en el estómago y experimenté dolores de cabeza frecuentes. No fue hasta más tarde que entendí que estos síntomas estaban relacionados con el estrés acumulado del trauma que había vivido. Mi cuerpo había sufrido un estado constante de tensión, como si siempre estuviera esperando a que algo malo sucediera.

Síntomas psicosomáticos

Los síntomas psicosomáticos son manifestaciones físicas de problemas emocionales. El trauma no resuelto puede causar enfermedades físicas que no tienen una causa médica clara. Estos síntomas incluyen dolores musculares, problemas digestivos, fatiga crónica, entre otros.

- Ejemplo personal: Una de las consecuencias más graves del trauma que sufrí fue una úlcera estomacal. Aunque en ese momento no lo comprendía, mi cuerpo estaba reaccionando al estrés y a la ansiedad que había acumulado durante años. El dolor físico era una forma en que mi cuerpo expresaba el sufrimiento emocional que no había procesado.

Sistema inmunológico debilitado

El estrés prolongado también debilita el sistema inmunológico, haciéndonos más susceptibles a infecciones y enfermedades. Las personas que han experimentado trauma a menudo se enferman con mayor frecuencia debido a que sus cuerpos están constantemente luchando contra los efectos del estrés en lugar de concentrarse en protegerse de amenazas externas.

El camino hacia la sanación física y psicológica

Sanar el cuerpo después de haber sufrido un trauma requiere un enfoque holístico que tenga en cuenta tanto los aspectos físicos como los emocionales. A continuación, presento algunas estrategias que me han ayudado a mejorar mi salud física y mental después de haber vivido abuso y trauma.

Terapia psicológica: sanar la mente para sanar el cuerpo

El primer paso hacia la sanación es abordar el trauma emocional. La terapia psicológica, especialmente las técnicas como la Terapia Cognitivo-Conductual (TCC) o la Terapia de Exposición, puede ayudarnos a enfrentar el trauma y a desactivar el ciclo de estrés crónico que afecta al cuerpo.

- Ejercicio de reflexión: Dedica tiempo a escribir sobre tus emociones y cómo estas afectan a tu cuerpo. Reconocer que el cuerpo está respondiendo al trauma es un primer paso para comenzar a liberarlo de esa carga emocional.

Técnicas de relajación y **mindfulness**

El *mindfulness* y otras técnicas de relajación, como la meditación y la respiración profunda, son herramientas poderosas para reducir el estrés y ayudar al cuerpo a salir del estado de alerta constante.

Estas prácticas nos permiten reconectar con el presente y aliviar la tensión que el trauma ha dejado en el cuerpo.

- Ejercicio de respiración profunda: Tómate unos minutos cada día para hacer respiraciones profundas y conscientes. Inhala lentamente contando hasta cuatro, retén el aire durante cuatro segundos y, luego, exhala contando hasta cuatro. Este sencillo ejercicio ayuda a calmar el sistema nervioso y a reducir la tensión física.

El cuidado del cuerpo a través del movimiento

El ejercicio físico regular, como caminar, hacer yoga o cualquier actividad que disfrutes, es fundamental para liberar la energía acumulada del trauma. El movimiento no solo fortalece el cuerpo, sino que también promueve la producción de endorfinas, las hormonas que nos hacen sentir bien.

- Ejemplo personal: Cuando comencé a incorporar el yoga en mi vida diaria, noté una mejora considerable en mi bienestar físico y emocional. El acto de mover mi cuerpo de manera consciente me ayudó a liberar tensiones que no sabía que estaba reteniendo y a sentirme más conectada conmigo misma.

El poder de la alimentación consciente

El trauma puede afectar nuestra relación con la comida. Algunas personas recurren a la comida como una forma de consuelo emocional, mientras que otras pierden el apetito. Adoptar una alimentación consciente, prestando atención a lo que comemos y cómo nos hace sentir, puede ser una forma de cuidar nuestro cuerpo y devolverle la energía que necesita.

- Ejemplo personal: Al principio, no me daba cuenta de que estaba utilizando la comida para tratar de llenar el vacío emocional que el trauma había dejado. Fue solo cuando comencé a prestar atención a mis hábitos alimenticios que pude tomar medidas para mejorar mi relación con la comida y, como resultado, con mi cuerpo.

Dormir como herramienta de sanación

El trauma a menudo afecta al sueño, como hemos visto en capítulos anteriores. Recuperar un buen patrón de sueño es crucial para sanar el cuerpo. Crear una rutina de sueño saludable, evitar la cafeína y las pantallas antes de dormir y practicar técnicas de relajación antes de acostarse son formas de mejorar la calidad del sueño.

Conclusión

El trauma afecta tanto a la mente como al cuerpo y sanarlo requiere un enfoque integral que abarque ambos aspectos. A través de la terapia, la relajación, el ejercicio y el cuidado consciente de nuestro cuerpo, podemos comenzar a liberar las tensiones físicas que el abuso ha dejado y reconstruir nuestra salud. Aunque el proceso es largo, es posible reconectar con nuestro cuerpo y devolverle la paz y la vitalidad que merece.

5

El camino hacia la sanación

Introducción

Sanar de un trauma profundo no es un proceso lineal, sino una serie de pasos hacia adelante y, a veces, hacia atrás. Este camino, aunque desafiante, está lleno de oportunidades para el crecimiento personal y la renovación emocional. En este capítulo, exploraremos cómo comenzar y continuar el proceso de sanación después del abuso, utilizando herramientas terapéuticas y recursos internos que nos permitan reconstruir nuestras vidas.

Aceptación del trauma

Uno de los primeros pasos hacia la sanación es aceptar lo que sucedió. A menudo, las personas que han sufrido abuso intentan bloquear o minimizar sus experiencias como mecanismo de defensa. Sin embargo, para poder sanar verdaderamente, debemos reconocer el dolor y el impacto que esas experiencias han tenido en nosotros.

Romper el silencio

El trauma florece en el silencio. Para muchas víctimas de abuso, hablar sobre lo sucedido es el primer paso hacia la libertad. Esto no significa que debamos compartir nuestra historia con todo el mundo, pero sí encontrar un espacio seguro donde podamos expresar lo que hemos vivido, ya sea con un terapeuta, un amigo de confianza o incluso a través de la escritura personal.

- Ejemplo personal: Durante muchos años, guardé silencio sobre mi abuso, creyendo que el hecho de hablar de ello solo reabriría viejas heridas. Sin embargo, cuando finalmente me atreví a compartir mi historia con una persona de confianza, sentí un alivio inmenso. El solo hecho de decir en voz alta lo que me había pasado fue el comienzo de mi proceso de sanación.

Aceptar el dolor sin dejarse definir por él

Aceptar el trauma no significa dejar que defina quiénes somos. Aunque lo que nos sucedió es una parte importante de nuestra historia, no es toda nuestra identidad. El verdadero poder está en reconocer el dolor sin permitir que sea lo único que nos define.

- Ejercicio de reflexión: Escribe una lista de todas las cosas que te hacen ser quien eres, más allá de las experiencias traumáticas. Incluye tus cualidades, tus talentos, tus logros y las cosas que te hacen sentir feliz o en paz. Esto te ayudará a recordar que, aunque el trauma forma parte de tu vida, no es lo único que te define.

Terapias eficaces para sanar el trauma

La terapia es una herramienta invaluable para aquellos que buscan sanar después de un trauma. Existen varias formas de terapia que han demostrado ser efectivas para tratar las consecuencias del abuso y es importante encontrar la que mejor se adapte a nuestras necesidades individuales.

Terapia Cognitivo-Conductual (TCC)

La Terapia Cognitivo-Conductual (TCC) es una forma de tratamiento ampliamente utilizada para ayudar a las personas a cambiar patrones de pensamiento negativos que perpetúan el sufrimiento. En el caso del trauma, la TCC puede ser útil para identificar las creencias distorsionadas que se formaron a raíz del abuso, como la culpa o la vergüenza y reemplazarlas por pensamientos más realistas y saludables.

- Ejemplo personal: En mi proceso de terapia, aprendí que muchas de las creencias que tenía sobre mí misma —como que era «débil» o «culpable» por lo que me sucedió— eran el resultado del trauma. A través de la TCC, comencé a desafiar esas creencias y a construir una imagen más positiva y realista de mí misma.

Terapia de Exposición

La Terapia de Exposición es otra técnica efectiva para tratar el trauma, especialmente en casos de trastorno de estrés postraumático (TEPT). Esta terapia implica enfrentar de manera gradual y segura los recuerdos o situaciones que nos causan miedo o angustia, hasta que perdemos el miedo irracional que se ha desarrollado en torno a ellos.

- Ejemplo personal: A través de la terapia de exposición fui capaz de enfrentar ciertos lugares y situaciones que antes me desencadenaban ataques de pánico. Con el tiempo, esas experiencias dejaron de ser aterradoras y gané más control sobre mis respuestas emocionales.

Terapia de Movimiento Ocular (EMDR)

El EMDR (Desensibilización y Reprocesamiento por Movimiento Ocular) es un enfoque relativamente nuevo que ha mostrado ser eficaz en la sanación del trauma. Esta técnica utiliza movimientos oculares para ayudar a procesar los recuerdos traumáticos y reducir su impacto emocional.

- Ejemplo personal: Cuando comencé el EMDR, era escéptica, pero pronto me di cuenta de cómo esta técnica me ayudó a desensibilizarme a los recuerdos más dolorosos del abuso, permitiéndome verlos de manera menos emocional y más objetiva.

Herramientas de autoayuda

Además de la terapia profesional, hay varias herramientas que podemos utilizar por nuestra cuenta para complementar el proceso de sanación. Estas herramientas nos ayudan a reconectar con nosotros mismos, reducir el estrés y encontrar paz interior.

Mindfulness *y meditación*

El *mindfulness* nos enseña a vivir en el presente, prestando atención a nuestros pensamientos y emociones sin juzgarlos. La meditación, como práctica diaria, puede ayudarnos a reconectar con nuestro cuerpo y mente.

6

Construyendo un futuro resiliente

Introducción

La resiliencia no es algo con lo que nacemos, sino una capacidad que desarrollamos con el tiempo, especialmente cuando enfrentamos desafíos y dificultades. Después de vivir experiencias traumáticas, como el abuso, la resiliencia se convierte en una herramienta esencial para reconstruir nuestras vidas y encontrar un sentido de paz y fortaleza interior. En este capítulo, exploraremos cómo desarrollar la resiliencia y cómo usarla para construir un futuro lleno de esperanza, propósito y bienestar emocional.

El concepto de resiliencia

La resiliencia es la capacidad de adaptarse y recuperarse después de experiencias difíciles. No significa que las personas resilientes no sufran o no sientan dolor; más bien, es la habilidad de seguir adelante a pesar del sufrimiento, de encontrar formas de crecer y fortalecerse a partir de las adversidades.

Superando la adversidad

Ser resiliente no significa que no sintamos el peso del trauma. Las personas resilientes también sufren, pero logran encontrar un equilibrio entre aceptar sus emociones y buscar soluciones. Después de un trauma, este equilibrio puede ser difícil de alcanzar, pero es posible. La resiliencia no solo nos ayuda a sanar, sino también a construir una vida que vaya más allá del trauma.

- Ejemplo personal: Cuando comencé a entender el concepto de resiliencia, me di cuenta de que, aunque no podía cambiar lo que me había sucedido, sí podía cambiar cómo respondía a ello. En lugar de ver el trauma como el final de mi historia, lo vi como el comienzo de una nueva etapa en mi vida. Una en la que podía encontrar fuerza y crecimiento personal.

Factores que contribuyen a la resiliencia

La resiliencia no ocurre en el vacío; se construye a partir de una serie de factores que incluyen el apoyo social, una actitud positiva, el sentido de propósito y la flexibilidad emocional. Cultivar estos factores nos ayuda a enfrentar las dificultades con mayor fortaleza y a ver las oportunidades de crecimiento que pueden surgir del dolor.

- Ejercicio de reflexión: Identifica los factores en tu vida que te han ayudado a sobrellevar las dificultades. ¿Tienes un sistema de apoyo? ¿Qué actitudes o hábitos te han ayudado a seguir adelante? Al reconocer estos elementos, podrás fortalecerlos aún más.

Pasos para desarrollar la resiliencia

La resiliencia es un proceso que se puede construir mediante hábitos y prácticas cotidianas. A continuación, presentamos algunos pasos concretos para desarrollar la resiliencia en tu vida.

Establecer metas pequeñas y alcanzables

El trauma, a menudo, nos deja sintiendo que hemos perdido el control sobre nuestras vidas. Una forma de recuperar ese control es estableciendo metas pequeñas y realistas. Cada pequeño logro nos da un sentido de éxito y nos recuerda que tenemos la capacidad de avanzar.

Ejercicio de metas: Haz una lista de tres metas que puedas alcanzar esta semana, por pequeñas que sean. Pueden ser cosas como hacer una caminata diaria, leer un capítulo de un libro o tener una conversación significativa con alguien cercano. A medida que logres estas metas, notarás un aumento en tu confianza y en tu capacidad para enfrentar desafíos.

Practicar la gratitud

La gratitud es una herramienta poderosa para desarrollar la resiliencia. Nos ayuda a enfocarnos en lo positivo, incluso en momentos difíciles y a apreciar las cosas buenas que tenemos en nuestras vidas. Practicar la gratitud no significa ignorar el dolor, sino reconocer que, a pesar de todo, siempre hay algo por lo que estar agradecidos.

Ejercicio de gratitud: Cada noche, antes de acostarte, escribe tres cosas por las que te sientas agradecido. Pueden ser pequeñas cosas, como una conversación agradable o una comida sabrosa. Con el tiempo, este hábito te ayudará a ver más aspectos positivos en tu vida.

<u>Desarrollar la autocompasión</u>

La autocompasión es el acto de tratarnos con amabilidad y comprensión, especialmente cuando estamos sufriendo. Las personas que han pasado por traumas, a menudo, son muy duras consigo mismas, culpándose por lo que les ha sucedido o por no haber sanado más rápido. La autocompasión nos ayuda a aceptar nuestras emociones sin juzgarnos, permitiendo que el proceso de sanación avance sin la presión de la perfección.

Ejercicio de autocompasión: La próxima vez que te sientas mal contigo mismo, detente y pregúntate: «¿Cómo trataría a un amigo en esta situación?». Escribe una carta a ti mismo usando el mismo tono amable y comprensivo que usarías con alguien que amas.

Aceptar el cambio como parte de la vida

El cambio es inevitable y parte de desarrollar la resiliencia es aceptar que la vida está en constante evolución. En lugar de resistir el cambio, aprender a adaptarnos nos permite fluir con los desafíos en lugar de luchar contra ellos.

Ejemplo personal: Durante mucho tiempo, me resistí al cambio porque creía que mantener las cosas como estaban me protegería del dolor. Sin embargo, al aceptar que el cambio es parte de la vida, aprendí a ver cada transición como una oportunidad para crecer.

Resiliencia y crecimiento postraumático

El concepto de crecimiento postraumático se refiere a la idea de que, después de un trauma, no solo podemos sanar, sino que también podemos experimentar un crecimiento significativo. Las personas que han sufrido traumas pueden desarrollar una mayor apreciación por la vida, relaciones más profundas y un sentido de propósito renovado. Este crecimiento no significa que el dolor desaparezca, pero sí que podemos encontrar nuevos significados y oportunidades a raíz de nuestras experiencias.

- Ejercicio de crecimiento postraumático: Reflexiona sobre las formas en que el trauma ha cambiado tu vida, no solo de manera negativa, sino también de manera positiva. ¿Qué has aprendido sobre ti mismo? ¿Cómo has crecido como persona? Al identificar las áreas en las que has crecido, podrás ver tu proceso de sanación como una oportunidad para descubrir nuevas fortalezas.

Conclusión

La resiliencia es el motor que nos impulsa a seguir adelante, incluso después de haber experimentado los momentos más oscuros de nuestras vidas. Al cultivar la resiliencia, podemos enfrentar los desafíos con mayor confianza y construir un futuro en el que no solo hemos sanado, sino que también hemos crecido y encontrado un nuevo sentido de propósito. Aunque el camino hacia la sanación es largo, la resiliencia nos permite no solo sobrevivir, sino prosperar.

7

Vivir en el presente

Introducción

Uno de los mayores desafíos después de haber pasado por un trauma es aprender a soltar el pasado y centrarse en el presente. El trauma puede atrapar nuestra mente en un ciclo interminable de recuerdos dolorosos, haciéndonos revivir momentos que preferiríamos dejar atrás. Sin embargo, para poder sanar verdaderamente y avanzar, es crucial aprender a vivir en el aquí y el ahora. En este capítulo, exploraremos cómo dejar de lado el pasado, abrazar el presente y encontrar paz en el momento actual.

El peso del pasado

El trauma tiene la capacidad de anclarnos en el pasado, haciéndonos sentir como si estuviéramos atrapados en un ciclo de sufrimiento que no tiene fin. A menudo, las personas que han vivido experiencias traumáticas sienten que no pueden escapar de sus recuerdos. Estos recuerdos se manifiestan en forma de flashbacks, ansiedad constante, e incluso culpa o vergüenza por lo que sucedió. Vivir de esta manera no solo nos impide disfrutar del presente, sino que también perpetúa el dolor y el sufrimiento.

El círculo vicioso del trauma

El trauma crea un ciclo en el que revivimos mentalmente lo que nos ocurrió. Esto puede llevarnos a reabrir heridas emocionales y, en lugar de avanzar, nos quedamos atrapados en un estado de miedo o dolor. Aceptar que no podemos cambiar lo que sucedió es un primer paso crucial para liberarnos del pasado.

- Ejemplo Personal: Durante mucho tiempo, sentí que mi mente estaba atrapada en los recuerdos del abuso que viví. Cada vez que pensaba en ello, sentía una mezcla de dolor y desesperanza. Fue solo cuando comencé a trabajar en vivir en el presente que pude liberarme de ese ciclo mental.

El poder del presente

Vivir en el presente no significa ignorar el pasado, sino aprender a encontrar paz y satisfacción en el momento actual. El presente es el único momento sobre el que tenemos control; es donde ocurre la vida. Cuando nos enfocamos en el aquí y ahora, podemos empezar a sanar, dejando que el pasado sea solo una parte de nuestra historia y no el centro de nuestra existencia.

Mindfulness *y atención plena*

El *mindfulness,* o atención plena, es una herramienta poderosa para aprender a vivir en el presente. Se trata de ser consciente del momento actual sin juzgarlo, simplemente experimentándolo. Esta práctica nos ayuda a desconectar de los recuerdos dolorosos y a reconectar con lo que está ocurriendo en el aquí y ahora.

- Ejercicio de *mindfulness:* Dedica unos minutos cada día a practicar la atención plena. Siéntate en un lugar tranquilo y concéntrate en tu respiración. Observa cómo entra y sale el aire de tu cuerpo, sin intentar cambiar nada. Si surgen pensamientos sobre el pasado o el futuro, simplemente reconócelos y vuelve a enfocarte en tu respiración.

Aceptar el presente tal como es

Parte de vivir en el presente es aceptar la vida tal como es en este momento, con todas sus imperfecciones. A menudo, quienes han vivido traumas buscan controlarlo todo para evitar más sufrimiento, pero el verdadero poder está en aceptar que la vida no siempre es perfecta y que está bien así. Al soltar la necesidad de controlar el futuro o rehacer el pasado, podemos vivir con mayor ligereza.

- Ejemplo personal: En mi viaje hacia la sanación, aprendí a dejar de intentar controlar cada aspecto de mi vida. En lugar de preocuparme constantemente por lo que podría suceder, comencé a enfocarme en lo que estaba ocurriendo en el momento. Esto me permitió disfrutar más de las pequeñas cosas y reducir el estrés que sentía.

Romper con los pensamientos intrusivos

Los pensamientos intrusivos son una de las mayores barreras para vivir en el presente. Estos pensamientos, que a menudo están relacionados con el trauma, pueden surgir en cualquier momento y arrastrarnos de vuelta al pasado. Aprender a manejar estos pensamientos es clave para poder centrarse en el presente.

Reestructuración cognitiva

La reestructuración cognitiva es una técnica que nos ayuda a desafiar y cambiar pensamientos negativos o intrusivos. En lugar de dejarnos llevar por ellos, aprendemos a observarlos de manera objetiva y a reemplazarlos por pensamientos más constructivos.

- Ejercicio de reestructuración: La próxima vez que te asalte un pensamiento negativo sobre el pasado, escribe el pensamiento y luego pregúntate: «¿Es este pensamiento realmente útil para mi bienestar actual?». Si no lo es, reformúlalo de una manera más positiva o realista. Por ejemplo, si piensas: «Nunca superaré este trauma», reestructúralo como: «Estoy trabajando cada día para sanar y avanzar».

Crear un espacio seguro para la mente

A veces, los pensamientos intrusivos son inevitables, pero podemos crear momentos de refugio en los que nuestra mente se sienta segura y libre del estrés del pasado. Esto puede lograrse mediante prácticas como la meditación, la visualización guiada o simplemente dedicando tiempo a actividades que nos hagan sentir bien en el presente.

- Ejercicio de visualización: Cierra los ojos e imagina un lugar donde te sientas completamente seguro y en paz. Puede ser un lugar real o imaginario. Dedica unos minutos a visualizar todos los detalles de ese lugar: los colores, los sonidos, las sensaciones. Cada vez que te sientas abrumado por pensamientos intrusivos, vuelve a este lugar seguro en tu mente.

La importancia de la gratitud

La gratitud es una herramienta poderosa para anclarnos en el presente. Al practicar la gratitud, dirigimos nuestra atención a las cosas que están bien en nuestra vida en este momento, en lugar de centrarnos en lo que ha salido mal o lo que ya no podemos cambiar.

- Ejercicio de gratitud: Cada día, escribe tres cosas por las que te sientas agradecido. Estas cosas no tienen que ser grandes o extraordinarias; pueden ser tan simples como un rayo de sol, una comida sabrosa, o una conversación con un amigo. Este ejercicio te ayudará a entrenar tu mente para buscar lo positivo en el presente.

Conclusión

Vivir en el presente es una habilidad que se puede cultivar con el tiempo y la práctica. Aunque el pasado siempre será parte de nuestra historia, no tiene que ser lo que define nuestro presente ni nuestro futuro. Al enfocarnos en el aquí y ahora, podemos comenzar a encontrar paz, alegría y plenitud en la vida, incluso después de haber sufrido trauma. Dejar ir el pasado no significa olvidar, sino liberarnos de las cadenas que nos atan a él y permitirnos vivir plenamente en el presente.

8

El poder del perdón

Introducción

El perdón es un concepto poderoso, pero también uno de los más incomprendidos, especialmente para quienes han sufrido traumas profundos. A menudo, el perdón se malinterpreta como una forma de absolver a los responsables de su comportamiento o minimizar el dolor que nos han causado. Sin embargo, el verdadero poder del perdón no reside en liberar a los demás de la culpa, sino en liberarnos a nosotros mismos del peso de la amargura, el rencor y el sufrimiento. En este capítulo, exploraremos cómo el perdón puede ser una herramienta transformadora en el proceso de sanación personal.

¿Qué es el perdón?

El perdón no es olvidar lo que sucedió ni justificar el comportamiento de quienes nos hicieron daño. Es un acto de liberación emocional. El perdón nos permite soltar el control que el dolor tiene sobre nosotros y dejar espacio para la paz interior. Es un regalo que nos damos a nosotros mismos, no a quienes nos lastimaron.

Perdonar no es olvidar

Para muchas personas que han sufrido traumas, la idea de perdonar puede parecer imposible o incluso inapropiada. Después de todo, lo que nos hicieron fue real, doloroso y dejó marcas profundas en nuestras vidas. Sin embargo, perdonar no significa olvidar. No significa que el abuso o el daño que sufrimos desaparezcan, ni que las acciones de los demás queden justificadas. Perdonar es un acto consciente de liberación personal.

- Ejemplo personal: Durante muchos años, me resistí a la idea de perdonar a quienes me habían hecho daño. Sentía que, si los perdonaba, estaba diciendo que lo que habían hecho no importaba. Pero cuando entendí que el perdón no significaba olvidar, sino soltar el peso emocional que llevaba, comencé a sentir una sensación de alivio. El perdón fue para mí, no para ellos.

Perdonar no es reconciliación

El perdón no siempre implica reconciliación. En algunos casos, puede ser necesario poner distancia entre nosotros y quienes nos lastimaron para proteger nuestra salud mental y emocional. El perdón no es una invitación a volver a entablar relaciones con quienes nos han hecho daño. Es un acto interno que nos permite avanzar sin estar atados al resentimiento.

El proceso del perdón

El perdón es un proceso que lleva tiempo y requiere esfuerzo. No sucede de la noche a la mañana y es normal que haya momentos en los que retrocedamos o dudemos. El perdón verdadero solo puede venir de un lugar de comprensión profunda y deseo de sanación.

Aceptar el dolor

El primer paso hacia el perdón es aceptar el dolor que nos han causado. No podemos perdonar lo que no reconocemos. Aceptar el dolor no significa que estemos de acuerdo con lo que sucedió, sino que reconocemos la magnitud del daño emocional que nos hicieron.

- Ejercicio de reflexión: Tómate un momento para escribir sobre el dolor que has sentido debido a las acciones de los demás. No te censures; permite que tus emociones fluyan libremente. Reconocer el dolor es el primer paso hacia el perdón.

Dejar ir el rencor

El rencor es una carga pesada que puede consumir nuestra energía emocional. Nos ata al pasado y a las personas que nos hicieron daño, impidiendo que avancemos hacia una vida más plena. Dejar ir el rencor no es fácil, pero es esencial para liberar espacio emocional para el bienestar y la paz.

- Ejemplo personal: Sentía que el rencor me protegía, que mantenerme enojada era una forma de protegerme del daño. Sin embargo, con el tiempo, me di cuenta de que el rencor no estaba protegiéndome; estaba atrapándome en un ciclo de dolor. Al dejarlo ir, comencé a sentir una ligereza que no había experimentado en años.

Reescribir la narrativa

Parte del proceso de perdón es reescribir la narrativa que hemos construido en torno al trauma. A menudo, nos contamos a nosotros mismos historias que refuerzan nuestro dolor y resentimiento. Sin embargo, podemos cambiar esa narrativa, no para borrar lo que sucedió, sino para verlo desde una perspectiva de crecimiento y aprendizaje.

- Ejercicio de reescritura: Escríbete una carta a ti mismo desde el punto de vista de una persona que ha crecido a partir de las experiencias traumáticas. Reflexiona sobre lo que has aprendido, cómo has cambiado y cómo te ves a ti mismo ahora en comparación con cómo lo hacías en el pasado. Esta carta no es para justificar lo que sucedió, sino para reconocer tu propio crecimiento.

Perdón a uno mismo

A menudo, el perdón más difícil es el que debemos darnos a nosotros mismos. Nos culpamos por no haber actuado de manera diferente, por no haber visto las señales de advertencia o por no haber encontrado una forma de escapar del trauma. Sin embargo, esta autocrítica solo nos causa más sufrimiento. Perdonarnos a nosotros mismos es un acto de compasión que nos permite soltar la culpa y abrazar nuestra propia humanidad.

Liberarse de la culpa

La culpa es una emoción común entre las víctimas de abuso. A veces, nos convencemos de que, de alguna manera, fuimos responsables de lo que nos sucedió. Sin embargo, es crucial recordar que el abuso nunca es culpa de la víctima. Perdonarse a uno mismo implica liberar esta culpa injustificada y reconocer que hicimos lo mejor que pudimos en circunstancias extremadamente difíciles.

- Ejemplo personal: Durante mucho tiempo, me culpé por lo que me había pasado. Pensaba que, si hubiera actuado de otra manera, tal vez habría podido evitar el abuso. Pero al trabajar en mi sanación, entendí que no tenía la responsabilidad de lo que sucedió. Al perdonarme a mí misma, pude comenzar a sanar de manera más profunda.

Practicar la autocompasión

La autocompasión es esencial para el perdón. Significa tratarnos con la misma amabilidad y comprensión que ofreceríamos a un ser querido. Practicar la autocompasión nos permite soltar las expectativas imposibles que a menudo nos imponemos y aceptar nuestra humanidad.

- Ejercicio de autocompasión: Cada vez que te sorprendas siendo crítico contigo mismo, detente y pregúntate: «¿Qué le diría a un amigo en esta situación?». Luego, di esas palabras a ti mismo. Practicar la autocompasión es un acto diario de cuidado personal.

El perdón como herramienta de sanación

El perdón es una herramienta poderosa que puede liberar espacio emocional para la paz, la alegría y la esperanza. No es algo que debemos hacer por obligación, sino algo que elegimos hacer para liberarnos del dolor. Al perdonar, no estamos diciendo que lo que sucedió fue aceptable, sino que estamos eligiendo no permitir que ese dolor siga controlando nuestras vidas.

El perdón es un proceso

Es importante recordar que el perdón no es un destino, sino un proceso. Habrá días en los que nos sintamos más cerca de la paz y otros en los que el resentimiento o el dolor resurjan. Esto es parte del camino hacia la sanación y debemos ser pacientes con nosotros mismos a medida que avanzamos en este proceso.

Conclusión

El perdón es una herramienta poderosa para sanar las heridas del pasado y liberarnos del peso del dolor. No es un acto de debilidad, sino uno de fortaleza. Al aprender a perdonar, tanto a los demás como a nosotros mismos, podemos comenzar a construir una vida más plena y significativa, libre del control del trauma y el resentimiento. El perdón no es un regalo para los demás; es un regalo que nos damos a nosotros mismos.

9

Crear una red de apoyo

Introducción

Nadie debería atravesar el proceso de sanación solo. Aunque cada uno de nosotros debe recorrer su propio camino hacia la recuperación, el apoyo emocional y práctico de las personas que nos rodean puede ser un pilar fundamental en ese proceso. Las redes de apoyo no solo nos brindan consuelo, sino que también nos recuerdan que no estamos solos en nuestra lucha. En este capítulo, exploraremos cómo crear una red de apoyo sólida, cómo encontrar las personas adecuadas para acompañarnos en nuestro viaje y cómo esas conexiones pueden ser una fuente de fortaleza y sanación.

La importancia de una red de apoyo

Una red de apoyo está formada por aquellas personas que nos proporcionan ayuda emocional, práctica o ambas. Son los amigos, familiares, terapeutas y otros profesionales que nos escuchan, nos cuidan y nos guían cuando más lo necesitamos. La conexión con los demás es una parte esencial del proceso de recuperación, ya que el trauma a menudo nos aísla y nos hace sentir incomprendidos.

El apoyo como pilar de la resiliencia

Estudios han demostrado que las personas que cuentan con redes de apoyo sólidas tienden a recuperarse más rápidamente de experiencias traumáticas. Saber que podemos recurrir a alguien cuando estamos luchando nos brinda una sensación de seguridad emocional y física, lo que nos permite enfrentar los desafíos con mayor confianza.

- Ejemplo personal: Durante los momentos más oscuros de mi recuperación, me di cuenta de lo crucial que era tener a alguien en quien confiar. Las personas que me apoyaron no solo me ofrecieron palabras de consuelo, sino también una presencia constante que me ayudó a sentirme menos sola en mi lucha.

¿Quién forma parte de tu red de apoyo?

Una red de apoyo no tiene que estar compuesta por muchas personas, pero sí por aquellas que realmente estén dispuestas a brindarte el respaldo que necesitas. Las personas que elijas para formar parte de tu red deben ser comprensivas, confiables y estar dispuestas a acompañarte en tu proceso sin juzgarte.

Amigos y familiares

Los amigos y familiares pueden ser una fuente importante de apoyo emocional. Sin embargo, es importante elegir cuidadosamente a las personas de nuestro círculo cercano que realmente puedan ofrecer una ayuda genuina. No todos los amigos o familiares estarán equipados emocionalmente para lidiar con las complejidades del trauma y eso está bien. Debemos aprender a distinguir quiénes están realmente preparados para apoyarnos y quiénes, aunque nos amen, podrían no ser las mejores personas a quienes acudir.

- Ejercicio de reflexión: Haz una lista de las personas en tu vida que crees que pueden ofrecerte apoyo. Luego, piensa en cómo te sientes cuando hablas con ellas sobre temas sensibles. ¿Te sientes escuchado, comprendido y apoyado? Si la respuesta es sí, considera acercarte más a esas personas. Si la respuesta es no, puede ser útil mantener cierta distancia emocional en lo que respecta a compartir tus luchas más profundas.

Apoyo profesional: terapeutas y consejeros

Los profesionales de la salud mental, como los terapeutas y consejeros, son una parte esencial de la red de apoyo para muchas personas que están en proceso de recuperación. A diferencia de los amigos o familiares, los profesionales están entrenados para ayudarte a manejar y procesar el trauma de una manera estructurada y efectiva. Ellos te proporcionarán herramientas prácticas y te guiarán en el proceso de sanación.

- Ejemplo personal: La terapia fue un paso crucial en mi sanación. Aunque inicialmente me resultaba difícil abrirme completamente, con el tiempo desarrollé una relación de confianza con mi terapeuta, lo que me permitió abordar los temas más dolorosos de mi vida con un enfoque saludable y constructivo.

Grupos de apoyo

Unirse a un grupo de apoyo puede ser una experiencia profundamente reconfortante. Estos grupos están formados por personas que han pasado por experiencias similares y que pueden comprender lo que estás atravesando desde un lugar de empatía y comprensión. Compartir tu historia con otros que han vivido algo parecido puede ayudarte a sentirte menos solo y más conectado con una comunidad.

- Ejercicio de búsqueda: Si no estás seguro de por dónde empezar para encontrar un grupo de apoyo, puedes buscar en Internet grupos locales o virtuales que se centren en la recuperación del trauma. Existen muchos recursos disponibles que pueden conectarte con personas que están pasando por lo mismo.

Apoyo informal: escuchar sin juicios

A veces, las personas que forman parte de nuestra red de apoyo no tienen que decir nada en absoluto. Solo escuchar, sin interrumpir o juzgar, es una forma poderosa de apoyo. Un oído comprensivo puede ofrecer alivio en los momentos más difíciles, permitiéndote desahogarte sin la presión de obtener una solución inmediata.

- Ejemplo personal: Tuve personas en mi vida que no siempre sabían qué decir, pero que simplemente estaban allí, escuchando. Fue invaluable. Saber que podía contar con su presencia me ayudó a procesar mis emociones en un ambiente seguro.

Cómo pedir ayuda

Pedir ayuda no es fácil para todos. A menudo, las personas que han sufrido traumas sienten que deben lidiar con todo por sí mismas o que pedir apoyo es una señal de debilidad. Sin embargo, pedir ayuda es un acto de valentía. Reconocer que no podemos hacerlo todo solos y que necesitamos el apoyo de los demás es un paso crucial hacia la sanación.

Superar la vergüenza o el miedo

El miedo al rechazo o la vergüenza por compartir nuestras vulnerabilidades puede impedirnos buscar ayuda, pero es importante recordar que todos necesitamos apoyo en algún momento de nuestras vidas. No hay vergüenza en pedir ayuda; de hecho, es un signo de fortaleza reconocer cuándo necesitamos el respaldo de los demás.

- Ejercicio de reflexión: Piensa en las veces en que te has sentido avergonzado o temeroso de pedir ayuda. ¿Qué te detuvo? Reflexiona sobre cómo podrías desafiar esos pensamientos y qué pasos podrías tomar para abrirte a los demás la próxima vez que lo necesites.

Ser claro y específico

Cuando pedimos ayuda, es útil ser claros y específicos sobre lo que necesitamos. Esto ayuda a los demás a entender cómo pueden apoyarnos de la mejor manera posible. Por ejemplo, en lugar de decir: «Me siento mal», podrías decir: «Estoy luchando con recuerdos dolorosos y necesito a alguien que me escuche». Este enfoque directo facilita que los demás respondan de manera adecuada.

Dar y recibir en las relaciones

Las relaciones saludables se basan en un equilibrio de dar y recibir. Aunque en momentos de crisis es normal necesitar más apoyo de lo habitual, también es importante recordar que las relaciones son un intercambio mutuo. A medida que sanamos, podemos empezar a devolver el apoyo que recibimos, lo que fortalece nuestras conexiones y nos ayuda a sentirnos útiles y valorados.

- Ejercicio de gratitud: Dedica tiempo para agradecer a las personas en tu red de apoyo. Puede ser a través de una nota de agradecimiento, un mensaje de texto o simplemente expresándolo en una conversación. Mostrar gratitud fortalece las relaciones y nos recuerda que no estamos solos en nuestro camino.

Construir una comunidad de apoyo en el tiempo

A lo largo de la vida, nuestras redes de apoyo cambian. A veces, las personas entran y salen de nuestras vidas y eso está bien. La clave es continuar construyendo y nutriendo esas relaciones a lo largo del tiempo, sabiendo que el apoyo emocional es un pilar esencial para el bienestar.

Mantener las conexiones vivas

El cuidado de una red de apoyo requiere esfuerzo. Mantener las conexiones con las personas que nos apoyan es importante, no solo en tiempos de crisis, sino también en momentos de tranquilidad.

Estas relaciones deben ser cuidadas y valoradas, ya que son un recurso importante para nuestra estabilidad emocional.

Conclusión

Tener una red de apoyo sólida es esencial para la sanación y el bienestar emocional. Ya sea a través de amigos, familiares, profesionales o grupos de apoyo, las conexiones humanas nos brindan la fuerza para continuar adelante. Al rodearnos de personas que nos apoyen de manera genuina y compasiva, podemos sentirnos más seguros, acompañados y fortalecidos en nuestro camino hacia la sanación.

10

Ser una luz para otros

Introducción

Una vez que hemos recorrido nuestro propio camino hacia la sanación, llega un momento en el que podemos mirar hacia atrás y ver cuánto hemos crecido. Es en ese punto que surge la oportunidad de compartir nuestra historia con los demás, no solo como una forma de seguir sanando, sino también como una manera de iluminar el camino de quienes están en las primeras etapas de su recuperación. En este capítulo, exploraremos cómo compartir nuestras experiencias de trauma y superación puede ser una herramienta poderosa tanto para nosotros como para quienes nos rodean.

El poder de compartir tu historia

Contar nuestra historia no solo tiene el potencial de ayudarnos a procesar el trauma, sino que también puede inspirar y fortalecer a otros que están pasando por experiencias similares. Al compartir nuestros logros, nuestras luchas y las lecciones que hemos aprendido, enviamos un mensaje claro: el trauma no tiene que definirnos y la sanación es posible.

Crear conexiones a través de la vulnerabilidad

Al abrirnos y compartir nuestras experiencias, permitimos que otros se sientan comprendidos y conectados. La vulnerabilidad es el puente que conecta a las personas en su humanidad compartida y, al ser vulnerables, invitamos a otros a serlo también. Esto puede generar un entorno donde el apoyo mutuo y la comprensión florezcan.

- Ejemplo personal: Al principio, tenía miedo de compartir mi historia con los demás. Me preocupaba que las personas no lo entendieran o me juzgaran. Sin embargo, cuando finalmente me atreví a hablar, descubrí que no solo me liberaba de una carga, sino que también permitía a otros abrirse sobre sus propias luchas. El simple acto de compartir mi vulnerabilidad creó un espacio de apoyo que nunca imaginé.

Inspirar a otros a sanar

Tu historia puede ser la chispa que otros necesitan para comenzar su propio proceso de sanación. Al ver que alguien más ha superado el trauma, las personas se sienten alentadas a creer que ellas también pueden hacerlo. Al compartir tus éxitos, por pequeños que sean, inspiras a otros a seguir adelante, recordándoles que el dolor no es eterno y que hay un camino hacia la luz.

- Ejercicio de reflexión: Piensa en cómo tu historia podría impactar a alguien más. ¿Qué aspectos de tu viaje crees que podrían resonar con otras personas? Considera escribir un breve testimonio sobre tu experiencia de superación, destacando las lecciones más valiosas que has aprendido.

Ser un modelo de resiliencia

La resiliencia es contagiosa. Al mostrar cómo has enfrentado los desafíos y has salido adelante, te conviertes en un modelo a seguir para quienes luchan con traumas similares. No necesitas ser perfecto ni haber superado completamente tu dolor para ser una fuente de inspiración. Simplemente al seguir avanzando, demuestras que la superación es un proceso continuo y que el progreso, no la perfección, es lo que importa.

El efecto multiplicador del apoyo

Cuando compartimos nuestras experiencias y apoyamos a otros, creamos un efecto multiplicador. Las personas que reciben apoyo y aliento de ti, eventualmente, también podrán compartir su propia historia, creando una red de apoyo que se extiende mucho más allá de lo que inicialmente imaginaste.

- Ejemplo personal: Después de compartir mi historia, comencé a recibir mensajes de personas que me decían cómo mi testimonio las había inspirado a buscar ayuda o a enfrentarse a su propio trauma. A su vez, estas personas comenzaron a compartir su experiencia con otros, creando una cadena de apoyo que se expandió más allá de lo que nunca habría imaginado.

Cómo compartir tu historia de manera saludable

Si bien compartir tu historia puede ser profundamente sanador, también es importante hacerlo de una manera que sea saludable para ti y para los demás. No todos están listos para compartir sus experiencias y eso está bien. Es importante reconocer cuándo y con quién es apropiado abrirse y asegurarse de que el acto de compartir sea una experiencia positiva y fortalecedora.

Escoger el momento y el lugar correctos

No siempre es necesario compartir tu historia de manera pública o con todo el mundo. A veces, compartirla en un entorno más privado o con una sola persona puede ser igual de significativo. Elegir el momento y el lugar correctos es clave para sentirte seguro y en control.

- Ejercicio de reflexión: Piensa en quiénes son las personas con las que te sientes más cómodo compartiendo tu historia. ¿Es un amigo cercano, un grupo de apoyo o quizás un terapeuta? Evalúa qué entorno te hará sentir más seguro.

Cuidar de ti mientras compartes

Es natural que compartir experiencias traumáticas pueda despertar emociones difíciles. Asegúrate de cuidar de ti mismo antes y después de contar tu historia. Tómate el tiempo para procesar tus emociones y asegúrate de estar rodeado de personas que puedan apoyarte si surge alguna dificultad emocional.

- Ejercicio de autocuidado: Antes de compartir tu historia, asegúrate de tener un plan de autocuidado. Esto podría incluir actividades relajantes, como una caminata, meditación o tiempo a solas, para ayudarte a calmar tus emociones.

Ayudar a otros en su proceso de sanación

Además de compartir tu propia historia, puedes desempeñar un papel activo en ayudar a otros en su camino hacia la sanación. Ofrecer apoyo, ya sea emocional, práctico o simplemente estar allí para escuchar, puede hacer una gran diferencia en la vida de alguien que está luchando con las consecuencias del trauma.

Escuchar con empatía

Escuchar de manera empática y sin juicio es una de las formas más poderosas de ayudar a alguien. A veces, lo que las personas necesitan no son soluciones, sino simplemente alguien que esté dispuesto a escuchar y validar sus emociones. Al ofrecer un oído comprensivo, puedes crear un espacio seguro para que los demás exploren sus propios sentimientos y experiencias.

- Ejemplo personal: Al aprender a escuchar a los demás sin interrumpir ni intentar solucionar sus problemas, descubrí que a menudo lo que más necesitaban era sentirse comprendidos. Al estar presente y ofrecerles un espacio sin juicio, pude ayudar a otros en su proceso de sanación sin imponer mis propias experiencias.

Ofrecer recursos prácticos

Además de brindar apoyo emocional, puedes ayudar a otros compartiendo recursos prácticos que les ayuden a avanzar en su sanación. Esto podría incluir información sobre terapeutas, grupos de apoyo, libros, podcasts u otras herramientas que les ayuden a comenzar su propio proceso de recuperación.

- Ejercicio de búsqueda de recursos: Haz una lista de recursos que te hayan sido útiles en tu propia sanación. Esto podría incluir terapias, libros de autoayuda, prácticas de meditación o grupos de apoyo. Comparte estos recursos con quienes lo necesiten, recordándoles que siempre hay ayuda disponible.

Conclusión

Compartir nuestra historia y apoyar a los demás es una forma poderosa de continuar sanando, tanto para nosotros como para quienes nos rodean. Al ser una luz para otros, ayudamos a romper el ciclo del trauma y construimos una comunidad de apoyo mutuo. La resiliencia y la esperanza son contagiosas y, al compartir nuestra fortaleza, permitimos que otros descubran la suya. No subestimes el impacto que puede tener tu historia; puede ser el faro de luz que alguien más necesita para comenzar su propio camino hacia la sanación.

11

La importancia del autocuidado

Introducción

El autocuidado no es un lujo; es una necesidad fundamental, especialmente cuando estamos en proceso de sanación emocional. Después de haber vivido un trauma, cuidar de nosotros mismos no solo es una forma de sanar, sino también de prevenir que el dolor del pasado continúe afectando nuestra salud física y mental. En este capítulo, exploraremos la importancia del autocuidado como una herramienta esencial para la recuperación y ofreceremos estrategias prácticas para integrar el autocuidado en tu vida diaria.

El autocuidado como pilar de la sanación

El autocuidado es el acto de priorizar tu bienestar en todas las áreas de tu vida: emocional, mental, física y espiritual. A menudo, quienes han pasado por traumas tienden a descuidar sus propias necesidades, ya sea porque están demasiado concentrados en el sufrimiento o porque sienten que no merecen el tiempo y la atención necesarios para cuidarse. Sin embargo, el autocuidado es clave para la sanación, ya que nos permite reconectarnos con nosotros mismos y restaurar el equilibrio perdido.

Reconocer la necesidad de autocuidado

El primer paso hacia el autocuidado es reconocer que mereces ese cuidado. Muchas personas que han vivido traumas desarrollan una creencia inconsciente de que no merecen ser cuidadas o que su dolor no es lo suficientemente importante como para recibir atención. Sin embargo, todos merecemos cuidado y compasión y el autocuidado es una forma de reafirmar nuestro propio valor.

- Ejemplo personal: Durante mucho tiempo, no creía que cuidar de mí misma fuera importante. Pensaba que, si me enfocaba solo en las necesidades de los demás, de alguna manera mi dolor desaparecería. Pero con el tiempo, me di cuenta de que, si no me cuidaba, no solo estaba prolongando mi sufrimiento, sino que también era incapaz de estar presente para los demás de manera efectiva.

El autocuidado como prevención

El autocuidado también actúa como una medida preventiva. Cuando no cuidamos de nosotros mismos, somos más propensos a experimentar agotamiento emocional, ansiedad y depresión. El autocuidado nos ayuda a gestionar mejor el estrés y a desarrollar una mayor resiliencia emocional, lo que nos permite enfrentar los desafíos con mayor fortaleza.

Dimensiones del autocuidado

El autocuidado abarca diferentes dimensiones de nuestra vida. No se trata solo de lo físico o lo emocional, sino de un enfoque integral que considera todos los aspectos de nuestro bienestar. Aquí te presentamos algunas de las dimensiones clave del autocuidado.

Autocuidado físico

El cuerpo y la mente están intrínsecamente conectados. Cuidar de nuestro cuerpo es una parte fundamental de la sanación emocional. Esto incluye mantener hábitos saludables como hacer ejercicio regularmente, comer de manera equilibrada, dormir bien y descansar cuando lo necesitamos.

- Ejercicio físico: El movimiento no solo es beneficioso para nuestro cuerpo, sino que también mejora nuestro estado de ánimo y reduce los niveles de estrés. Encuentra una forma de ejercicio que disfrutes, ya sea caminar, practicar yoga, nadar o bailar.

- Descanso adecuado: Dormir bien es esencial para el bienestar físico y mental. Crea una rutina de sueño que te permita descansar lo suficiente y reduce el uso de pantallas antes de dormir.

Autocuidado emocional

El autocuidado emocional implica ser consciente de nuestras emociones y darnos permiso para sentir lo que necesitamos sentir. Es importante desarrollar hábitos que nos ayuden a gestionar nuestras emociones de manera saludable, como hablar con alguien de confianza, escribir un diario, o simplemente darnos tiempo para procesar nuestros sentimientos sin presionarnos.

- Ejercicio de escribir un diario: Dedica unos minutos al día a escribir sobre cómo te sientes. No necesitas estructurarlo, solo escribe lo que venga a tu mente. Esta práctica te ayudará a liberar emociones y a procesar lo que estás experimentando.

Autocuidado mental

El autocuidado mental se refiere a alimentar nuestra mente de manera que nos ayude a mantenernos equilibrados y saludables. Esto puede incluir actividades que estimulen nuestro cerebro, como leer, aprender algo nuevo, o resolver problemas, así como practicar técnicas para reducir el estrés mental, como la meditación o la respiración profunda.

- Ejercicio de *mindfulness:* Dedica unos minutos cada día a la práctica del *mindfulness*. Siéntate en un lugar tranquilo, cierra los ojos y concéntrate en tu respiración. Permítete estar presente en el momento, sin pensar en el pasado ni en el futuro. Esta práctica te ayudará a reducir la ansiedad y a mejorar tu enfoque mental.

Autocuidado espiritual

Para muchas personas, el autocuidado espiritual implica conectarse con algo más grande que ellos mismos, ya sea a través de la religión, la naturaleza, o simplemente mediante prácticas de reflexión y meditación. El autocuidado espiritual nos ayuda a encontrar sentido y propósito en la vida, especialmente después de haber pasado por situaciones traumáticas.

- Ejemplo personal: En mi proceso de sanación, descubrí que conectarme con la naturaleza era una forma de autocuidado espiritual que me brindaba paz y claridad. Pasar tiempo al aire libre, simplemente respirando el aire fresco y observando el entorno natural, me ayudó a sentirme más en paz conmigo misma y con el mundo.

Autocuidado social

El autocuidado también implica cuidar nuestras relaciones y rodearnos de personas que nos apoyen y nos comprendan. Esto significa aprender a establecer límites saludables, decir «no» cuando sea necesario y buscar conexiones que nos nutran emocionalmente.

- Ejercicio de establecer límites: Reflexiona sobre tus relaciones actuales y pregúntate si están contribuyendo a tu bienestar o si te están drenando emocionalmente. Identifica áreas donde podrías establecer límites más claros para proteger tu energía y bienestar emocional.

Crear una rutina de autocuidado

El autocuidado debe ser parte de tu vida diaria. No tiene que ser algo complicado o que requiera mucho tiempo, pero sí que debe ser consistente. Al crear una rutina de autocuidado, estarás tomando medidas activas para priorizar tu bienestar, lo que te ayudará a sanar más profundamente y a prevenir el agotamiento emocional.

Paso 1: Identificar tus necesidades

El primer paso para crear una rutina de autocuidado es identificar qué áreas de tu vida necesitan más atención. Pregúntate: «¿Cómo me siento física, emocional y mentalmente?» y «¿Qué podría hacer para sentirme mejor en estas áreas?».

Paso 2: Establecer pequeñas metas

En lugar de tratar de hacer grandes cambios de inmediato, comienza con pequeños pasos. Establece metas alcanzables que puedas cumplir diariamente, como caminar durante 10 minutos, dedicar 5 minutos a la meditación o escribir en tu diario antes de acostarte.

Paso 3: Ser consistente

La clave del autocuidado es la consistencia. Asegúrate de incluir tiempo para cuidarte cada día, incluso si solo es por unos minutos. Con el tiempo, estos hábitos de autocuidado se convertirán en una parte natural de tu vida diaria.

Conclusión

El autocuidado es una parte fundamental de la sanación emocional y no debe ser visto como un lujo, sino como una necesidad. Al cuidar de nuestro cuerpo, mente y espíritu, podemos encontrar el equilibrio necesario para avanzar en nuestro proceso de recuperación y prevenir el agotamiento emocional. El autocuidado no es egoísta; es un acto de amor propio que nos permite ser la mejor versión de nosotros mismos, tanto para nosotros como para los demás.

12

Aprender a amar de nuevo

Introducción

El trauma, especialmente cuando involucra abuso o negligencia, puede dejar profundas cicatrices en nuestra capacidad de formar y mantener relaciones amorosas saludables. La desconfianza, el miedo y las inseguridades generadas por experiencias pasadas pueden hacer que el camino hacia el amor y la intimidad sea especialmente complicado. Sin embargo, aprender a amar de nuevo es posible y puede ser una parte profundamente sanadora de nuestra recuperación. En este capítulo exploraremos cómo las experiencias traumáticas afectan nuestras relaciones amorosas y cómo podemos comenzar a reconstruir nuestra capacidad de amar y ser amados de manera saludable.

El impacto del trauma en las relaciones amorosas

El trauma puede distorsionar nuestra percepción del amor y la intimidad. Puede hacernos creer que no somos dignos de amor o que el amor siempre está acompañado de dolor y sufrimiento. Estas creencias no solo afectan a nuestra autoestima, sino que también pueden llevarnos a desarrollar relaciones disfuncionales o a evitar la intimidad por completo.

Miedo a la intimidad

Uno de los efectos más comunes del trauma en las relaciones amorosas es el miedo a la intimidad. Este miedo puede manifestarse de diversas maneras, desde la evitación de relaciones cercanas hasta el sabotaje de relaciones prometedoras. El miedo a ser herido nuevamente puede hacer que mantenernos a distancia parezca la opción más segura.

- Ejemplo personal: Después de mi experiencia con el abuso, desarrollé un miedo intenso a la intimidad. Cada vez que una relación comenzaba a profundizarse, encontraba maneras de alejarme o de crear conflictos para evitar el dolor que temía que viniera con el compromiso.

Desafíos en la comunicación

La comunicación es fundamental en cualquier relación amorosa, pero para quienes han vivido traumas, expresar necesidades, deseos y límites puede ser particularmente difícil. El trauma puede hacer que nos cerremos emocionalmente y que tengamos dificultades para comunicar nuestros sentimientos de manera efectiva.

Pasos hacia la sanación en las relaciones amorosas

Sanar nuestras capacidades para amar y participar en relaciones saludables requiere tiempo y paciencia. A continuación, algunos pasos que pueden ayudarnos a abrirnos nuevamente al amor y a la intimidad.

Reconstruir la confianza en uno mismo

El primer paso para aprender a amar de nuevo es reconstruir la confianza en nosotros mismos. Esto implica trabajar en nuestra autoestima y en nuestra capacidad para creer que merecemos amor y respeto. Al fortalecer nuestra autoimagen, podemos comenzar a atraer y elegir parejas que realmente valoren y respeten nuestra valía.

- Ejercicio de autoafirmación: Crea una lista de afirmaciones positivas que refuercen tu valía y repítelas diariamente. Ejemplos de afirmaciones pueden ser: «Soy digno de amor y respeto», «Mis sentimientos y necesidades son importantes», o «Tengo derecho a una relación saludable y amorosa».

Desarrollar habilidades de comunicación saludable

Aprender a comunicar de manera efectiva es crucial para desarrollar relaciones amorosas saludables. Esto incluye aprender a expresar nuestras necesidades y deseos sin miedo, así como a establecer y respetar límites claros dentro de la relación.

- Ejercicio de Comunicación: Practica expresar tus pensamientos y sentimientos de manera clara y respetuosa en situaciones cotidianas. Puede ser útil primero escribir lo que deseas comunicar, para aclarar tus ideas y emociones antes de hablar.

Curar las heridas del pasado

Para amar de nuevo, es fundamental abordar y curar las heridas del pasado. Esto puede requerir trabajar con un terapeuta que se especialice en trauma y relaciones amorosas, o participar en terapias de pareja si ya estás en una relación.

- Ejemplo personal: Busqué la ayuda de un terapeuta especializado en trauma para abordar mis miedos y bloqueos en torno al amor y la intimidad. Esto me permitió entender mejor cómo mi pasado estaba afectando a mis relaciones presentes y aprender estrategias para manejar mis emociones y expectativas de manera más saludable.

Aprender a aceptar el amor

Finalmente, aprender a aceptar el amor de otros es tan importante como aprender a darlo. Esto implica permitirnos ser vulnerables y recibir cariño sin sentirnos en deuda o amenazados. Aceptar el amor de otros puede ser un proceso lento y, a veces, doloroso, pero también es un paso crucial hacia la sanación emocional.

- Ejercicio de receptividad: Dedica tiempo cada día para reflexionar sobre los actos de amor y cuidado que recibes de otros. Puede ser útil llevar un diario donde anotes estas experiencias y cómo te hacen sentir. Reconocer y aceptar el amor de otros te ayudará a internalizar la idea de que eres digno de amor y cuidado.

Conclusión

Aprender a amar de nuevo después de haber vivido un trauma es un desafío, pero también una oportunidad para crecer y encontrar una mayor plenitud en nuestras vidas. Al tomar pasos conscientes hacia la sanación de nuestras heridas emocionales, podemos abrirnos a relaciones amorosas más profundas y satisfactorias. El amor, en todas sus formas, es un poderoso catalizador para la recuperación y, al permitirnos experimentarlo plenamente, no solo sanamos nuestras viejas heridas, sino que también abrimos caminos hacia nuevas alegrías y conexiones.

13

Encontrar propósito después del trauma

Introducción

El trauma puede cambiar profundamente nuestra visión del mundo y de nosotros mismos. A menudo, quienes han experimentado traumas intensos se encuentran cuestionando sus creencias fundamentales y su sentido de propósito en la vida. Sin embargo, también es posible que, a través del proceso de sanación, descubramos un nuevo sentido de propósito que no solo nos motive a seguir adelante, sino que también enriquezca nuestras vidas de maneras inesperadas. En este capítulo, exploraremos cómo transformar el trauma en un catalizador para el crecimiento personal y la búsqueda de un propósito significativo.

El impacto del trauma en nuestro sentido de propósito

El trauma puede dejarnos sintiéndonos desorientados, como si el suelo bajo nuestros pies se hubiera desvanecido. Lo que antes dábamos por sentado ahora puede parecer incierto. En este estado, encontrar un nuevo sentido de propósito puede ser desafiante, pero también es una oportunidad para redescubrirnos y reconstruir nuestras vidas con intenciones renovadas.

Desafíos y oportunidades

Aunque el trauma interrumpe nuestra vida, también puede abrir puertas a nuevas formas de ser y actuar en el mundo. Para algunos, esto puede significar cambiar de carrera, para otros, podría significar adoptar roles de activismo o voluntariado. El trauma nos desafía a repensar qué es verdaderamente importante para nosotros y a actuar en consecuencia.

- Ejemplo personal: Después de mi experiencia con el trauma, sentí la necesidad de ayudar a otros que estaban pasando por situaciones similares. Esto me llevó a involucrarme con organizaciones de apoyo a víctimas de abuso, donde encontré un profundo sentido de propósito ayudando a otros a encontrar su camino hacia la sanación.

Explorando nuevas pasiones y posibilidades

Una vez que comenzamos a sanar, podemos empezar a explorar nuevas pasiones que nos inspiren y nos motiven. Esta exploración puede ser un camino poderoso hacia la recuperación, ya que actividades y objetivos nuevos pueden ayudarnos a sentirnos vivos y conectados con el mundo de una manera que no habíamos considerado antes.

Descubriendo lo que nos apasiona

Pregúntate qué actividades te hacen sentir más energizado y vivo. Experimentar con diferentes intereses puede revelar pasiones ocultas y dirigirte hacia un nuevo propósito. No tengas miedo de probar cosas nuevas; cada experiencia es una oportunidad para aprender más sobre ti mismo y sobre lo que puede darte una sensación de satisfacción y realización.

- Ejercicio de exploración: Comprométete a probar una nueva actividad cada mes. Esto podría ser cualquier cosa, desde aprender a pintar hasta tomar clases de baile o hacerte voluntario en una causa local que te interese. Observa cómo estas actividades afectan a tu estado de ánimo y a tu sentido de propósito.

Estableciendo metas que reflejen tus valores

Parte de encontrar un nuevo propósito es establecer metas que estén alineadas con tus valores fundamentales. Esto puede proporcionar una guía clara en tu vida y ayudarte a tomar decisiones que contribuyan a tu sentido general de propósito.

- Ejercicio de alineación de valores y metas: Identifica tres valores que consideres fundamentales en tu vida. Luego, establece una meta a corto y largo plazo que refleje cada uno de estos valores. Asegúrate de que estas metas sean específicas, medibles y alcanzables.

Construyendo un legado de cambio

Transformar el trauma en un catalizador para el cambio personal y comunitario es quizás uno de los aspectos más poderosos de encontrar un nuevo propósito. Al enfocar nuestras energías en crear un impacto positivo, no solo mejoramos nuestras propias vidas, sino que también contribuimos al bienestar de los demás.

Convertirse en un agente de cambio

Cualquier persona tiene el potencial de ser un agente de cambio. Esto puede implicar hablar abiertamente sobre tus experiencias para aumentar la conciencia sobre el trauma, involucrarte en políticas que apoyen la sanación y la justicia, o simplemente ser un modelo de resiliencia y recuperación en tu comunidad.

- Ejemplo personal: Al compartir mi historia y trabajar en causas relacionadas con la prevención del abuso, me convertí en parte de un movimiento más grande que busca no solo apoyar a los sobrevivientes, sino también prevenir que futuras generaciones sufran como yo sufrí.

Dejando un legado positivo

A través del servicio y la defensa, puedes dejar un legado que trascienda tu propia experiencia. Este legado puede ser una fuente de orgullo y satisfacción, sabiendo que tu trabajo tiene un propósito y está contribuyendo a un mundo mejor.

- Ejercicio de legado: Piensa en cómo te gustaría que los demás te recordaran y qué impacto te gustaría haber tenido en el mundo. Escribir tus pensamientos puede ayudarte a clarificar tu visión y motivarte a tomar medidas para hacer realidad ese legado.

Conclusión

Encontrar un propósito después del trauma es un viaje de autodescubrimiento y crecimiento. Aunque el camino puede estar lleno de desafíos, también está repleto de oportunidades para reconstruir y enriquecer nuestras vidas de maneras significativas. Al perseguir pasiones que reflejen nuestros valores más profundos y al esforzarnos por hacer una diferencia positiva, no solo sanamos nuestras propias heridas, sino que también ofrecemos esperanza y guía a quienes aún están en su camino hacia la recuperación.

14

La evolución de la identidad

Introducción

El trauma no solo altera nuestra vida en el momento en que ocurre, sino que también puede tener un impacto profundo y duradero en nuestra identidad. A menudo, quienes han vivido traumas encuentran que su sentido de quiénes son se ha transformado.

Aunque esto puede ser desorientador, también ofrece una oportunidad única para redefinir y fortalecer nuestra identidad de manera que refleje quiénes somos ahora y quiénes deseamos ser. En este capítulo, exploraremos cómo el trauma puede cambiar nuestra identidad y cómo podemos guiar activamente la evolución de nuestra identidad hacia algo positivo y empoderante.

Identidad afectada por el trauma

El trauma puede cambiar la forma en que nos vemos a nosotros mismos y cómo interactuamos con el mundo. Puede afectar a nuestra autoestima, nuestras creencias, nuestros valores y nuestras aspiraciones. A menudo, estos cambios se manifiestan en cómo nos percibimos a nosotros mismos y en nuestras relaciones con los demás.

Desconexión y redescubrimiento

Después de un trauma, no es raro sentirse desconectado de la persona que éramos antes de que ocurriera el evento traumático. Este sentido de desconexión puede ser perturbador, pero también puede servir como un punto de partida para un proceso de redescubrimiento y redefinición.

- Ejemplo personal: Tras mi experiencia de trauma, me sentí completamente perdido, como si no reconociera a la mujer en el espejo. Sin embargo, este sentimiento de pérdida eventualmente me llevó a un viaje de autodescubrimiento, donde aprendí más sobre mi verdadera naturaleza y lo que realmente valoraba en la vida.

Impacto en las relaciones personales

El trauma también puede cambiar la forma en que nos relacionamos con los demás. Puede hacer que nos volvamos más cerrados y desconfiados o, por el contrario, más abiertos y empáticos, dependiendo de nuestras experiencias y de cómo las procesamos.

Guiando la evolución de nuestra identidad

Aunque el cambio en nuestra identidad después de un trauma puede ser involuntario, tenemos el poder de influir en cómo evolucionamos a partir de estas experiencias.

Este proceso requiere intención, reflexión y, a menudo, el apoyo de otros.

Reafirmación de valores y creencias

Una parte clave de reconstruir nuestra identidad es reafirmar o descubrir nuevos valores y creencias que resuenen con la persona que somos ahora. Esto puede implicar una exploración consciente de lo que realmente valoramos y creemos, separándolo de las influencias externas o de las expectativas impuestas.

- Ejercicio de reafirmación de valores: Haz una lista de tus valores y creencias actuales. Luego, reflexiona sobre cómo estos han cambiado después de tu experiencia traumática. Decide conscientemente si quieres mantener estos cambios o trabajar para desarrollar nuevos valores que se alineen mejor con tus aspiraciones actuales.

Desarrollando nuevos intereses y pasiones

Explorar nuevos intereses y pasiones puede ser una forma efectiva de reconstruir nuestra identidad. Estas actividades no solo nos proporcionan una salida para la expresión y el manejo del estrés, sino que también pueden revelar aspectos de nuestra personalidad que no conocíamos o que habíamos ignorado.

- Ejercicio de exploración de pasiones: Comprométete a probar algo nuevo cada mes, ya sea una actividad creativa, un deporte, un hobby o una forma de voluntariado. Observa cómo estas actividades influyen en tu percepción de ti mismo y en tu sentido de identidad.

Aceptando y adaptándose al cambio

Parte de la evolución de nuestra identidad implica aceptar que el cambio es una parte inevitable de la vida. Aprender a adaptarnos de manera saludable puede ayudarnos a crecer y a encontrar significado incluso en nuestras experiencias más difíciles.

- Ejercicio de adaptación al cambio: Reflexiona sobre un cambio reciente en tu vida y cómo has respondido a él. Evalúa si esta respuesta ha sido saludable y qué podrías hacer diferente en el futuro para adaptarte de manera más positiva.

Creando una identidad empoderada

El objetivo final de guiar nuestra evolución identitaria es crear una versión de nosotros mismos que se sienta auténtica y empoderada. Esto implica integrar nuestras experiencias, tanto las buenas como las malas y usarlas para construir una identidad que refleje nuestra verdadera esencia y nuestras aspiraciones.

Empoderamiento a través de la autoexpresión

Encontrar formas de expresar quiénes somos puede ser increíblemente empoderante. Esto puede incluir la escritura, el arte, la música, el activismo o cualquier otra forma de expresión que nos permita comunicar nuestra identidad de manera auténtica.

- Ejercicio de autoexpresión: Elige una forma de expresión que te interese y dedica tiempo cada semana a desarrollarla. Ya sea escribiendo un blog, pintando, haciendo música o participando en debates, encuentra una manera de dejar que tu voz interior se exprese libremente.

Conclusión

La evolución de nuestra identidad después de un trauma no es un proceso fácil ni rápido, pero es un camino hacia una mayor comprensión y aceptación de nosotros mismos. Al tomar un papel activo en este proceso, podemos transformar nuestras experiencias traumáticas en una fuente de fortaleza y autoconocimiento, lo que nos permite vivir una vida más plena y auténtica. A través de la reflexión, la experimentación y el compromiso con nuestro crecimiento personal, podemos construir una identidad que no solo sobreviva al trauma, sino que también prospere a pesar de él.

15

La vida más allá del trauma

Introducción

Aunque el trauma puede dejar huellas profundas, también es posible construir una vida rica y satisfactoria más allá de sus sombras. Este capítulo se centra en cómo podemos mirar hacia el futuro con esperanza y optimismo, utilizando nuestras experiencias pasadas no como anclas que nos retienen, sino como escalones que nos elevan hacia nuevas posibilidades. Exploraremos cómo podemos trascender nuestro pasado, cultivar la resiliencia y vivir una vida que no solo es una supervivencia, sino también una celebración del espíritu humano.

Reconocer y celebrar la resiliencia

Una parte crucial de vivir más allá del trauma es reconocer y celebrar nuestra propia resiliencia. A través de nuestras luchas, hemos desarrollado fuerzas y habilidades que tal vez no sabíamos que teníamos. Honrar nuestra capacidad para superar las adversidades puede ser un poderoso catalizador para la autoaceptación y la gratitud.

Celebra tus logros

A menudo, tendemos a enfocarnos en lo que aún necesita sanación o mejora, pasando por alto los muchos pasos que ya hemos tomado hacia la recuperación. Tomar tiempo para celebrar nuestros logros, grandes y pequeños, refuerza nuestra confianza y nos recuerda lo lejos que hemos llegado.

- Ejercicio de celebración: Haz una lista de todos los logros que has alcanzado en tu camino de sanación. Esto podría incluir desde alcanzar metas de terapia hasta mejorar relaciones o simplemente tener días donde te has sentido en paz. Cada mes, tómate un momento para revisar y celebrar estos logros.

Fomenta una mentalidad de gratitud

La gratitud puede transformar nuestra perspectiva de la vida. Al centrarnos en lo que tenemos, en lugar de lo que nos falta, podemos encontrar una mayor paz y satisfacción en nuestra vida diaria. La gratitud nos ayuda a ver el mundo como un lugar de oportunidades en lugar de limitaciones.

- Diario de gratitud: Mantén un diario de gratitud y anota tres cosas por las que estés agradecido cada día. Pueden ser tan simples como una comida deliciosa, la sonrisa de un amigo o un momento de calma.

Construyendo nuevos sueños y metas

Mirar hacia el futuro con optimismo significa permitirnos soñar y establecer nuevas metas. Después del trauma, nuestros viejos sueños pueden no resonar con quien somos ahora. Es un momento para reevaluar lo que realmente queremos y perseguirlo con renovado vigor.

Explora nuevos intereses

Darse permiso para explorar nuevas áreas de interés puede abrir puertas a mundos y comunidades que enriquecerán tu vida y expandirán tu perspectiva.

- Ejercicio de exploración: Comprométete a explorar un nuevo interés o hobby cada trimestre. Participa en actividades comunitarias o clases que te puedan introducir a nuevas personas y nuevas ideas.

Establece metas significativas

Las metas nos dan dirección y un sentido de propósito. Después del trauma, establecer nuevas metas puede ser un acto de afirmación de la vida, una declaración de que tienes esperanzas y planes para el futuro.

- Planificación de metas: Define metas que sean importantes para ti ahora, asegurándote de que sean específicas, medibles, alcanzables, relevantes y limitadas en el tiempo (SMART). Considera metas en diferentes áreas de tu vida, como carrera, relaciones, salud y desarrollo personal.

Cultiva conexiones y comunidad

La vida más allá del trauma es más rica cuando se comparte con otros. Cultivar relaciones significativas y construir una comunidad de apoyo no solo nos proporciona redes de seguridad, sino que también enriquece nuestra experiencia diaria.

Profundiza relaciones existentes

Trabaja en fortalecer las relaciones que ya tienes, comunicando abiertamente tus necesidades y escuchando las de los demás. La intimidad se construye con confianza y vulnerabilidad compartida.

Busca nuevas conexiones

Estar abierto a nuevas relaciones puede llevar a amistades y colaboraciones enriquecedoras. Participa en actividades grupales que reflejen tus intereses y valores.

Mantener la esperanza y el optimismo

Mantener una perspectiva de esperanza y optimismo es vital para vivir una vida plena más allá del trauma. Esto no significa ignorar las dificultades, sino elegir enfocarse en las posibilidades y oportunidades que cada nuevo día trae.

Prácticas de mentalidad positiva

Incorpora prácticas que fomenten una mentalidad positiva, como la meditación, la afirmación positiva, o la visualización creativa. Estas técnicas pueden ayudarte a mantener una actitud de esperanza y optimismo en tu vida diaria.

- Ejercicio de visualización: Dedica tiempo cada semana a visualizar tu vida ideal. Imagina cómo te sientes, qué estás haciendo y con quién estás. Esta práctica no solo te motivará, sino que también te ayudará a identificar los pasos que necesitas tomar para hacer de esa visión una realidad.

Conclusión

La vida más allá del trauma es un testimonio de nuestra capacidad para adaptarnos y transformarnos. Con cada paso que tomamos hacia la sanación, abrimos la puerta a nuevas posibilidades y experiencias. Al celebrar nuestra resiliencia, establecer nuevas metas, cultivar relaciones y mantener una perspectiva de esperanza, no solo sobrevivimos a nuestras experiencias pasadas, sino que también prosperamos a pesar de ellas. La vida más allá del trauma puede ser profundamente satisfactoria y rica, una celebración verdadera del espíritu humano y de nuestra capacidad inagotable para la renovación y el crecimiento.

16

Enfrentando los retos del día a día

Introducción

Vivir con las secuelas de un trauma puede hacer que los retos cotidianos se sientan más abrumadores. Este capítulo explora cómo enfrentar los desafíos diarios que surgen mientras se vive con un trauma, proporcionando estrategias prácticas para gestionar la ansiedad, la depresión y otros síntomas que pueden afectar la vida diaria de quienes han pasado por experiencias traumáticas.

Reconocer los desafíos diarios

El primer paso para manejar los retos diarios es reconocer cómo el trauma puede influir en nuestras reacciones y comportamientos cotidianos. Esto puede incluir la hipervigilancia, la irritabilidad, las dificultades de concentración, o la evitación de ciertas situaciones que nos recuerdan al trauma.

Identificación de gatillos

Comprender qué situaciones o estímulos desencadenan nuestras reacciones puede ayudarnos a prepararnos mejor para enfrentarlos o evitarlos cuando sea posible.

- Ejercicio de identificación de gatillos: Lleva un diario durante un par de semanas y anota las situaciones que te causan estrés o malestar emocional. Trata de identificar patrones o temas comunes que pueden ser gatillos para ti.

Planificación y preparación

Una vez que conoces tus gatillos, puedes comenzar a planificar cómo manejarlos. Esto puede incluir técnicas de afrontamiento específicas, como la respiración profunda, la meditación, o hablar con un amigo o terapeuta antes de enfrentar una situación difícil.

- Ejercicio de planificación: Para cada gatillo identificado, escribe una estrategia de afrontamiento que puedas usar cuando te enfrentes a esa situación. Mantén este plan accesible y practícalo regularmente.

Manejo de la ansiedad y la depresión

La ansiedad y la depresión son respuestas comunes en quienes han experimentado traumas. Aprender a gestionar estos síntomas es crucial para mejorar la calidad de vida diaria.

Técnicas de reducción de la ansiedad

Practicar técnicas de relajación puede ser efectivo para manejar la ansiedad. Esto puede incluir ejercicios de respiración, yoga, o técnicas de *mindfulness.*

- Ejercicio de respiración: Practica la respiración diafragmática al menos dos veces al día. Inhala lentamente contando hasta cuatro, mantén la respiración durante cuatro segundos y exhala durante cuatro segundos. Repite este proceso durante varios minutos.

Estrategias para combatir la depresión

Mantener una rutina diaria, realizar ejercicio regularmente y asegurarse de tener tiempo para actividades placenteras son estrategias clave para manejar la depresión.

- Ejercicio de rutina diaria: Crea un horario que incluya tiempo para el trabajo, el descanso, el ejercicio y actividades que disfrutes. La estructura puede ser muy útil para combatir la depresión.

Desarrollo de la resiliencia emocional

Desarrollar resiliencia emocional es esencial para enfrentar los desafíos del día a día. Esto implica cultivar una actitud de crecimiento, aprender de las experiencias y no dejarse abrumar por los contratiempos.

Práctica de la flexibilidad mental

Ser flexible en nuestras expectativas y cómo respondemos a las situaciones puede ayudar a reducir el estrés y a aumentar nuestra capacidad de manejar las adversidades.

- Ejercicio de flexibilidad mental: Cuando te enfrentes a un contratiempo, trata de verlo como una oportunidad para aprender algo nuevo en lugar de como un fracaso. Pregúntate qué puedes aprender de esta experiencia y cómo puede ayudarte a crecer.

Fomentar la conexión y el apoyo social

Tener una red de apoyo robusta es crucial para manejar el día a día. Asegúrate de mantener el contacto con amigos y familiares o considera unirte a un grupo de apoyo donde puedas compartir tus experiencias y desafíos.

- Ejercicio de apoyo social: Haz un esfuerzo consciente para comunicarte con al menos una persona de tu red de apoyo cada semana. Comparte tus experiencias y escucha las suyas. El simple acto de conectar puede ser enormemente reconfortante.

Conclusión

Enfrentar los retos del día a día después de un trauma requiere reconocimiento, preparación y la voluntad de desarrollar nuevas estrategias para el manejo de la ansiedad, la depresión y otros desafíos emocionales. Al adoptar estas estrategias, no solo puedes mejorar tu capacidad para manejar el día a día, sino también aumentar tu resiliencia y calidad de vida general. Este camino hacia la recuperación es tanto sobre manejar los momentos difíciles como sobre celebrar los pequeños éxitos en el camino hacia una mayor sanación y bienestar.

17

La importancia de la resiliencia emocional

Introducción

La resiliencia emocional es la capacidad de recuperarse de adversidades, adaptarse a cambios y manejar situaciones estresantes de manera efectiva. Es especialmente crucial para aquellos que han experimentado traumas, ya que les permite enfrentar y superar los desafíos que el trauma impone en la vida diaria. En este capítulo, exploraremos cómo desarrollar y fortalecer la resiliencia emocional, permitiendo una recuperación más robusta y una vida más plena y satisfactoria.

Comprender la resiliencia emocional

La resiliencia emocional no significa no sentir dolor o tristeza; más bien, se trata de la habilidad de pasar por estas emociones y salir fortalecido del otro lado. Esta fortaleza interna nos permite manejar mejor el estrés y las dificultades y nos prepara para futuros desafíos.

Características de la resiliencia emocional

- Optimismo: La capacidad de mantener una perspectiva positiva incluso en situaciones difíciles.
- Flexibilidad: La habilidad de adaptarse a circunstancias cambiantes y encontrar soluciones alternativas.
- Autoeficacia: La creencia en nuestra propia capacidad para manejar y superar situaciones complicadas.

El rol del entorno y las experiencias

Nuestro entorno y nuestras experiencias juegan un papel crucial en el desarrollo de la resiliencia emocional. Las relaciones de apoyo, los desafíos manejables y el aprendizaje continuo contribuyen a fortalecer esta capacidad.

Desarrollando resiliencia emocional

Fomentar la resiliencia emocional es un proceso que requiere tiempo y esfuerzo consciente. Aquí hay algunas estrategias que pueden ayudar:

Cultivar relaciones de apoyo

La calidad de nuestras relaciones tiene un impacto directo en nuestra resiliencia emocional. Las relaciones de apoyo nos ofrecen un refugio seguro y un espacio para ser nosotros mismos, lo que fortalece nuestra capacidad de enfrentar desafíos.

- Ejercicio de construcción de relaciones: Invierte tiempo en fortalecer las relaciones que te ofrecen apoyo emocional. Participa en actividades conjuntas, ofrece tu apoyo y sé abierto acerca de tus necesidades y experiencias.

Aprender de las experiencias pasadas

Cada desafío que enfrentamos es una oportunidad para aprender y crecer. Reflexionar sobre cómo hemos manejado adversidades anteriores puede proporcionarnos valiosas lecciones que aumentan nuestra resiliencia.

- Ejercicio de reflexión: Escribe sobre un desafío pasado y cómo lo superaste. Identifica las habilidades y estrategias que utilizaste y considera cómo podrían aplicarse a situaciones futuras.

Practicar la autocompasión

Ser compasivo con uno mismo es fundamental para desarrollar resiliencia emocional. La autocompasión implica tratarse con la misma amabilidad y cuidado que ofreceríamos a un buen amigo.

- Ejercicio de autocompasión: La próxima vez que enfrentes un error o un fracaso, responde con palabras de comprensión y apoyo, en lugar de crítica. Pregúntate: «¿Qué diría a un amigo en esta situación?» y aplícate el mismo consejo.

Mantener una rutina saludable

La salud física y la salud mental están profundamente interconectadas. Mantener una rutina que incluya ejercicio regular, alimentación saludable y sueño adecuado puede mejorar significativamente nuestra capacidad de manejar el estrés y recuperarnos de las adversidades.

- Plan de salud integral: Crea una rutina diaria que incluya tiempo para el ejercicio físico, comidas nutritivas y suficiente descanso. Considera actividades como el yoga o la meditación para mejorar tanto la salud física como la mental.

Conclusión

La resiliencia emocional es una herramienta poderosa en el camino hacia la recuperación de un trauma. Al desarrollar esta fortaleza interna, no solo mejoramos nuestra capacidad para enfrentar retos, sino que también abrimos la puerta a un crecimiento y una satisfacción personal más profundos. Las estrategias discutidas en este capítulo son pasos prácticos hacia la construcción de una vida resiliente y empoderada.

18

Estrategias para mantener el bienestar mental

Introducción

Mantener el bienestar mental es crucial para una vida equilibrada y feliz, especialmente para aquellos que han experimentado trauma. Este capítulo discute estrategias efectivas para cuidar de nuestra salud mental a largo plazo, incluyendo métodos terapéuticos, prácticas de autoayuda y la importancia de un estilo de vida saludable.

Importancia de la salud mental

Una buena salud mental no solo es la ausencia de enfermedad mental; es también la capacidad de manejar el estrés, relacionarse con otros y tomar decisiones. Para quienes han sufrido traumas, el cuidado continuo de la salud mental es esencial para prevenir recaídas y fomentar una recuperación sostenible.

Conciencia y prevención

Ser consciente de los propios pensamientos y emociones es el primer paso para mantener la salud mental. Aprender a reconocer señales de advertencia de estrés o depresión puede ayudarte a actuar antes de que estos sentimientos se intensifiquen.

- Ejercicio de autoobservación: Practica el monitoreo diario de tus emociones y niveles de estrés. Usa un diario para anotar tus pensamientos y sentimientos, prestando atención a cualquier patrón que pueda necesitar atención.

Estrategias terapéuticas

Las terapias pueden ser un componente vital en el mantenimiento de la salud mental, proporcionando herramientas y técnicas para manejar efectivamente los desafíos emocionales.

Terapia Cognitivo-Conductual (TCC)

La TCC es una forma efectiva de terapia que ayuda a modificar los patrones de pensamiento negativos y comportamientos destructivos. Es particularmente útil para tratar la ansiedad y la depresión, comunes en personas que han experimentado trauma.

- Cómo funciona: La TCC implica trabajar con un terapeuta para identificar y cambiar creencias distorsionadas y aprender habilidades para manejar las situaciones de manera más efectiva.

Terapia de Aceptación y Compromiso (ACT)

La ACT es otra forma de terapia que promueve la aceptación de lo que está fuera de nuestro control personal y el compromiso con acciones que enriquezcan nuestra vida, basándose en nuestros valores y metas.

Prácticas de la ACT: Incluye ejercicios de *mindfulness* y estrategias para ayudar a las personas a vivir de acuerdo con sus valores personales, incluso en presencia de dolor psicológico.

Autocuidado y estilo de vida

Mantener un estilo de vida saludable es esencial para la salud mental. Esto incluye ejercicio regular, una dieta equilibrada, suficiente sueño y tiempo para la relajación y el ocio.

Ejercicio regular

El ejercicio no solo mejora la salud física, sino que también tiene beneficios significativos para la salud mental, incluyendo la reducción de la ansiedad, la depresión y el estrés.

- Ejercicio de incorporación: Intenta incluir al menos 30 minutos de actividad física moderada en tu rutina diaria, como caminar, nadar o practicar yoga.

Dieta y nutrición

Lo que comemos también puede afectar cómo nos sentimos. Una dieta que incluya una variedad de nutrientes esenciales puede mejorar el estado de ánimo y la energía.

- Consejos nutricionales: Asegúrate de incluir alimentos ricos en omega-3, frutas, verduras y granos enteros en tu dieta. Evita el exceso de azúcar y alimentos procesados.

Sueño suficiente

El sueño afecta directamente nuestra salud mental. Una buena higiene del sueño es fundamental para la recuperación y el mantenimiento del bienestar emocional.

- Prácticas para mejorar el sueño: Establece una rutina regular para dormir, limita la exposición a pantallas antes de acostarte y crea un ambiente relajante en tu dormitorio.

Conclusión

Mantener el bienestar mental es un proceso continuo que requiere compromiso y práctica. Integrar estrategias terapéuticas, cuidar de tu salud física y emocional y desarrollar habilidades de resiliencia pueden ayudarte a construir una base sólida para una vida saludable y satisfactoria. Al poner en práctica estas estrategias, no solo estás cuidando de tu salud mental, sino que también estás construyendo una vida que vale la pena vivir, libre de las sombras del trauma.

Técnicas de terapia

Terapia continuada

Mantener sesiones regulares de terapia puede proporcionar un soporte continuo y un espacio seguro para procesar emociones y situaciones a medida que surjan. No se trata solo de abordar problemas, sino de fomentar un crecimiento personal sostenido.

- Ejemplo práctico: Considera la terapia como una parte rutinaria de tu cuidado personal, similar a visitar al médico para chequeos regulares. Esto puede incluir terapia cognitivo-conductual, terapia de aceptación y compromiso o cualquier enfoque que se ajuste a tus necesidades y situaciones de vida.

<u>*Mindfulness* y meditación</u>

Prácticas regulares de *mindfulness* y meditación pueden mejorar significativamente la salud mental al reducir el estrés, aumentar la concentración y fomentar una mayor conciencia emocional. Estas técnicas ayudan a centrar la mente y calmar el cuerpo, ofreciendo un refugio del ajetreo diario.

- Ejercicio práctico: Dedica de 10 a 20 minutos cada día a la meditación o prácticas de *mindfulness*. Utiliza aplicaciones o guías en línea si estás empezando para ayudarte a establecer una rutina sólida.

Estilo de vida saludable

<u>Ejercicio regular</u>

El ejercicio no solo beneficia al cuerpo, sino que también tiene efectos positivos en la mente. Actividades como correr, nadar o incluso caminar pueden liberar endorfinas que mejoran el estado de ánimo y disminuyen la ansiedad y la depresión.

- Plan de acción: Integra al menos 30 minutos de ejercicio moderado en tu rutina diaria. Elige actividades que disfrutes para que sea más fácil mantener la consistencia.

<u>Alimentación equilibrada</u>

Lo que comemos afecta directamente a nuestro cerebro y, por ende, a nuestra salud mental. Una dieta equilibrada rica en frutas, verduras, proteínas magras y ácidos grasos omega-3 puede tener un impacto positivo en el estado de ánimo y la energía.

- Consejos nutricionales: Intenta incorporar alimentos que sean conocidos por sus propiedades que mejoran el estado de ánimo, como los pescados grasos, los frutos secos y las semillas y asegúrate de mantener una hidratación adecuada a lo largo del día.

Gestión del estrés

<u>Técnicas de reducción del estrés</u>

Aprender y practicar técnicas de reducción del estrés puede ser vital para manejar el día a día, especialmente en momentos de alta presión o ansiedad.

- Ejercicio práctico: Prueba técnicas como la respiración profunda, la visualización o el yoga. Encuentra lo que funcione para ti y hazlo parte de tu rutina regular.

<u>Tiempo de descanso y ocio</u>

Esencial para la salud mental es también el tiempo de descanso y recreación. Dedicar tiempo a hobbies y actividades que disfrutas puede proporcionar un necesario alivio del estrés y la rutina diaria.

- Plan de ocio: Programa tiempo cada semana para actividades que no estén relacionadas con el trabajo o las obligaciones domésticas. Ya sea leer un libro, pintar, tocar un instrumento o simplemente pasar tiempo en la naturaleza, asegúrate de que este tiempo sea una prioridad.

Conclusión

Mantener el bienestar mental es un proceso activo y continuo, especialmente para aquellos que están recuperándose de un trauma. Integrar estas estrategias en tu vida no solo te ayudará a manejar mejor los desafíos cotidianos, sino que también te permitirá disfrutar de una vida más plena y satisfactoria. El autocuidado, el soporte terapéutico y un estilo de vida saludable son fundamentales para fortalecer tu salud mental a largo plazo.

19

Manejo de la ira y el resentimiento

Introducción

La ira y el resentimiento son emociones comunes para aquellos que han experimentado traumas. Si bien estas emociones son respuestas naturales a las injusticias y al dolor, cuando no se manejan adecuadamente, pueden convertirse en obstáculos significativos en el camino hacia la sanación. Este capítulo abordará cómo entender, procesar y transformar la ira y el resentimiento de maneras que apoyen la recuperación y el crecimiento personal.

Comprender la ira y el resentimiento

La ira y el resentimiento después de un trauma pueden surgir de sentirse traicionado, herido o impotente. Reconocer y aceptar estas emociones como partes válidas de la experiencia traumática es el primer paso hacia su manejo efectivo.

Identificar las fuentes de ira

La ira puede ser un indicador de que algo necesita cambiar o que un límite ha sido violado. Identificar específicamente qué situaciones o recuerdos desencadenan la ira puede ayudar a abordar la raíz del problema.

- Ejercicio de reflexión: Mantén un diario de ira durante una semana. Anota cuándo te sientes enojado y qué lo desencadenó. Busca patrones o temas recurrentes que te ayuden a entender mejor tus disparadores.

El impacto del resentimiento

El resentimiento puede crecer si la ira no se resuelve. A menudo se alimenta de la sensación de que ha habido una injusticia que no se ha rectificado o reconocido. Este sentimiento sostenido puede llevar a un ciclo de negatividad que afecta la salud emocional y física.

Técnicas para manejar la ira

Transformar la ira de manera saludable implica tanto estrategias internas como externas para procesar y expresar estas emociones sin causar daño a uno mismo o a los demás.

Técnicas de relajación

Practicar técnicas de relajación puede ayudar a calmar la mente y el cuerpo, permitiéndote abordar la ira desde un estado más centrado y menos reactivo.

- Ejercicio de respiración: Aprende y practica la respiración profunda. Inhala lentamente contando hasta cuatro, sostén la respiración durante cuatro segundos y exhala durante cuatro segundos. Repite hasta que sientas que tu cuerpo comienza a relajarse.

Expresión adecuada de la ira

Encontrar formas constructivas de expresar la ira es crucial. Esto puede incluir hablar sobre tus sentimientos con un amigo de confianza, un terapeuta, o a través de la escritura.

- Ejercicio de expresión saludable: Escribe una carta a la persona que te ha causado ira, aunque no tengas la intención de enviarla. Esto puede ayudarte a expresar tus emociones de manera segura y a procesar tus sentimientos.

Transformando el resentimiento

El resentimiento sostenido puede ser tóxico y contraproducente. Transformarlo implica trabajar en el perdón, tanto hacia otros como hacia uno mismo y encontrar formas de dejar ir el dolor pasado.

El Papel del perdón

El perdón no significa olvidar o excusar lo que sucedió, sino liberarse de la carga del resentimiento. Puede ser un proceso profundo que lleva tiempo y puede requerir apoyo profesional.

- Ejercicio de perdón: Considera practicar meditaciones guiadas de perdón o leer libros que aborden cómo perdonar de manera efectiva. Esto puede ayudarte a comenzar el proceso de soltar el resentimiento.

Reconstrucción de nuevas perspectivas

Cambiar cómo ves la situación que causó la ira puede ayudarte a comprenderla desde un nuevo ángulo y disminuir los sentimientos de resentimiento.

- Ejercicio de perspectiva: Intenta ver la situación desde el punto de vista de otra persona involucrada. ¿Qué factores pueden haber influido en su comportamiento? Este ejercicio no justifica sus acciones, pero puede ayudarte a encontrar una nueva comprensión que facilite el dejar ir.

Conclusión

Manejar la ira y el resentimiento es fundamental para la sanación y el crecimiento personal. Al aprender a procesar estas emociones de manera constructiva, no solo mejoramos nuestras relaciones y calidad de vida, sino que también fortalecemos nuestra capacidad de enfrentar futuros desafíos con mayor sabiduría y equilibrio. Las estrategias presentadas en este capítulo están diseñadas para ayudarte a transformar la ira y el resentimiento de obstáculos en oportunidades para el crecimiento personal.

20

Restaurando la esperanza y la positividad

Introducción

Después de experimentar un trauma, puede ser un desafío mantener una visión positiva de la vida. La esperanza y el optimismo son esenciales para una recuperación efectiva, pues no solo mejoran nuestra calidad de vida, sino que también fortalecen nuestra capacidad para enfrentar futuros desafíos. En este capítulo, exploraremos estrategias para restaurar la esperanza y fomentar una actitud positiva hacia la vida, incluso en circunstancias difíciles.

El poder de la esperanza

La esperanza es una fuerza motriz que nos permite visualizar un futuro mejor y creer en la posibilidad de cambio y mejora. Es más que un simple deseo; es una expectativa activa y un compromiso hacia objetivos futuros que valen la pena.

Comprender la importancia de la esperanza

La esperanza influye en cómo percibimos nuestras capacidades y nuestro futuro. Nos ayuda a perseverar frente a los contratiempos y a mantenernos motivados para alcanzar nuestros objetivos.

- Ejercicio de reflexión: Reflexiona sobre un momento en tu vida cuando la esperanza te guio a través de un período difícil. ¿Cómo influyó esa esperanza en tus acciones y resultados?

Desarrollar una mentalidad optimista

El optimismo no significa ignorar la realidad o los problemas; se trata de mantener una perspectiva que enfatiza las oportunidades sobre los obstáculos. El optimismo puede reducir el estrés y aumentar la resiliencia emocional.

- Práctica diaria: Intenta empezar cada día enumerando tres cosas por las que estás agradecido. Esta simple práctica puede ayudarte a centrarte en los aspectos positivos de tu vida, fomentando el optimismo.

Estrategias para fomentar la esperanza y la positividad

Restaurar la esperanza y mantener una actitud positiva requiere esfuerzo consciente. Aquí hay algunas estrategias prácticas que pueden ayudar:

Establecer metas realistas

Las metas nos dan dirección y un sentido de propósito, que son cruciales para la esperanza. Establecer y alcanzar metas realistas puede reforzar la creencia en nuestras propias capacidades y en el futuro.

- Ejercicio de establecimiento de metas: Define pequeños objetivos semanales y mensuales que te motiven y sean alcanzables. Celebrar estos logros puede aumentar tu sentido de competencia y esperanza.

Rodearse de influencias positivas

Las personas con las que pasamos tiempo pueden influir significativamente en nuestra perspectiva. Rodearse de individuos positivos y de apoyo puede ayudar a fortalecer nuestra propia esperanza y actitud hacia la vida.

- Ejercicio de evaluación social: Evalúa tus relaciones actuales y considera pasar más tiempo con aquellas personas que te inspiran y te apoyan. Considera unirte a grupos o actividades donde puedas conocer a otros con actitudes positivas.

Cuidado personal y bienestar

El cuidado personal es fundamental para mantener tanto la salud física como la mental. Participar en actividades que disfrutas y que te relajan puede mejorar significativamente tu estado de ánimo y perspectiva.

- Plan de bienestar: Incorpora actividades regulares que fomenten tu bienestar, como el ejercicio, la meditación, la lectura, o pasar tiempo en la naturaleza. Asegúrate de que el autocuidado sea una prioridad en tu rutina.

Conclusión

Restaurar la esperanza y fomentar una actitud positiva son esenciales para vivir una vida plena después de un trauma. Estas no son solo cualidades deseables, sino habilidades prácticas que podemos desarrollar y fortalecer a lo largo del tiempo. Al adoptar estrategias que promuevan la esperanza y el optimismo, podemos mejorar no solo nuestra capacidad de recuperación, sino también nuestra satisfacción general con la vida. Este capítulo ofrece herramientas y técnicas para ayudarte a ver más allá de las circunstancias actuales hacia un futuro lleno de posibilidades.

21

Fortaleciendo la autoestima

Introducción

Una autoestima sólida es fundamental para la recuperación y el crecimiento personal después de un trauma. Este capítulo se centra en estrategias y ejercicios para fortalecer la autoestima, ayudando a los lectores a reconstruir una imagen positiva de sí mismos y a fomentar una actitud de respeto y amor propio.

Evaluando la autoestima

La autoestima se refiere a cómo valoramos nuestra propia valía. El trauma puede erosionar la autoestima, haciéndonos sentir menos capaces, dignos o valiosos. Reconocer y abordar estos sentimientos es el primer paso para reconstruir una autoestima saludable.

Reconocimiento de pensamientos autocríticos

Identificar y desafiar los pensamientos negativos sobre uno mismo es crucial para mejorar la autoestima.

- Ejercicio de diario: Durante una semana, escribe todos los pensamientos negativos que tengas sobre ti mismo. Al final de la semana, revisa tus anotaciones y desafía cada pensamiento con evidencia objetiva de lo contrario.

Prácticas para mejorar la autoestima

Las siguientes estrategias están diseñadas para ayudarte a construir una percepción más positiva de ti mismo y a fomentar una autoestima duradera.

Afirmaciones positivas

Las afirmaciones son declaraciones positivas que, cuando se repiten, pueden ayudar a cambiar la percepción que tenemos de nosotros mismos.

- Ejercicio de afirmaciones: Elige tres afirmaciones que resuenen contigo, como: «Soy competente», «Soy digno de amor» o «Estoy creciendo cada día». Repítelas cada mañana y cada noche frente a un espejo.

Establecimiento de metas realizables

Lograr metas que nos fijamos puede tener un efecto poderoso en cómo nos vemos a nosotros mismos. Establecer y alcanzar metas pequeñas y manejables es una forma efectiva de mejorar la autoestima.

- Ejercicio de metas: Define una pequeña meta semanal que te gustaría lograr. Asegúrate de que sea específica, medible y alcanzable. Al final de la semana, reflexiona sobre tu éxito y celebra tu logro.

Desarrollando nuevas habilidades

Aprender nuevas habilidades o *hobbies* puede mejorar significativamente nuestra autoestima al mostrarnos que somos capaces de crecer y mejorar.

- Ejercicio de aprendizaje: Elige una habilidad o *hobby* que siempre hayas querido aprender. Dedica al menos una hora a la semana a esta nueva actividad y observa tu progreso.

Manteniendo la autoestima en el tiempo

La autoestima no es algo que se mejora de una vez por todas; requiere mantenimiento continuo y atención.

Práctica regular de autorreflexión

La autorreflexión regular puede ayudarte a mantener un sentido saludable de autoestima al permitirte reconocer tus logros y trabajar en áreas de mejora.

- Ejercicio de reflexión semanal: Dedica tiempo cada semana para reflexionar sobre tus éxitos y desafíos. Usa un diario para registrar tus pensamientos y sentimientos sobre tu crecimiento personal.

Conclusión

Fortalecer la autoestima es un viaje continuo que juega un papel crucial en la recuperación y el bienestar general. Al implementar estas estrategias y hacer del cuidado de la autoestima una parte regular de tu vida, puedes construir y mantener una visión de ti mismo que sea tanto positiva como resiliente. Este capítulo ofrece herramientas prácticas para cualquier persona que busque mejorar su autoestima y vivir una vida más plena y satisfactoria.

22

La familia que elegimos

Introducción

La definición de familia puede ser mucho más amplia de lo que tradicionalmente concebimos. No se limita a los lazos de sangre, sino que a menudo incluye a aquellos que elegimos como nuestro soporte emocional y espiritual. Este capítulo explora la importancia de las relaciones que elegimos y cómo han sido fundamentales en mi proceso de sanación y recuperación personal.

Benjamín: un hermano del alma

Benjamín ha sido más que un amigo para mí; ha sido un hermano en todos los sentidos excepto en el biológico. Su apoyo incondicional ha sido un pilar en mi camino hacia la recuperación. Aunque Benjamín ya no está físicamente presente, su espíritu sigue siendo una fuente de fuerza y energía para mí. Escribir este libro en su casa ha sido una experiencia espiritual profundamente transformadora, sintiendo su apoyo constante desde el más allá.

Auxi: mi guía espiritual

Auxi, mi hermana no biológica, ha jugado un papel crucial en mi viaje hacia la sanación. Como guía espiritual, ha ofrecido luz y sabiduría en los momentos más oscuros. Su presencia en mi vida me ha enseñado que el apoyo emocional y espiritual puede transformar nuestro dolor y nuestra lucha en crecimiento y entendimiento.

Carlos: amor y comprensión en tiempos de cambio

Mi relación con Carlos, mi pareja actual, ha sido tanto enriquecedora como desafiante. Nuestros fuertes caracteres han provocado choques significativos, lo que nos ha llevado a tomar la difícil decisión de distanciarnos temporalmente. Este espacio ha sido esencial para mi sanación personal y para reflexionar sobre lo que necesito en mi vida y en mis relaciones. Aunque inicialmente fue difícil para Carlos entender esta necesidad de espacio, esta separación ha abierto la puerta a nuevas posibilidades para nuestra relación, ya sea retomando nuestro compromiso desde una nueva perspectiva o continuando como amigos. Estoy esperanzada y abierta a explorar cómo podemos avanzar juntos en un camino que sea saludable y enriquecedor para ambos.

Equilibrar el amor y la sanación

Este delicado equilibrio entre mantener una relación amorosa y atender las necesidades personales de sanación y crecimiento es un desafío que muchos enfrentan. Discutir abiertamente nuestras necesidades y establecer límites claros puede ser fundamental para asegurar que tanto nosotros como nuestras relaciones prosperen.

Conclusión

La familia que elegimos es a menudo aquella que verdaderamente comprende y acepta nuestras luchas más profundas. Este capítulo celebra esas relaciones especiales que nos forman y nos fortalecen, mostrando cómo, a través del amor y el apoyo de nuestra familia elegida, encontramos la fuerza para superar los desafíos más difíciles y transformar nuestra vida para mejor.

23

Reintegración social y comunitaria

El proceso de reintegración a la sociedad después de haber pasado por un trauma puede ser desafiante, pero también es una oportunidad para reconectar con los demás. A menudo, el trauma puede hacernos sentir aislados o separados del mundo, lo que aumenta el desafío de reconectar con nuestras comunidades. Sin embargo, la integración social es una parte esencial de la sanación, ya que nos ayuda a reconstruir relaciones y establecer nuevos vínculos significativos.

En este capítulo, nos enfocamos en cómo reintegrarse en la sociedad de manera gradual y ofrecemos estrategias para hacerlo de manera efectiva.

Ejercicio de reintegración social

1. Haz una lista de las formas en que te gustaría reconectar con la comunidad. Puede ser a través del voluntariado, actividades sociales o unirte a grupos de apoyo que compartan intereses o experiencias similares.

2. Comprométete a participar en una actividad social una vez por semana. Esto puede incluir asistir a eventos comunitarios, clases, o simplemente pasar tiempo con amigos. La regularidad en las interacciones te ayudará a fortalecer tus relaciones y sentirte más conectado con los demás.

3. Reflexiona sobre cómo te sientes después de participar en estas actividades. ¿Te sientes más conectado y apoyado? ¿Qué emociones surgen después de cada interacción? Llevar un diario de estas reflexiones puede ayudarte a observar tu progreso y ajustar tus estrategias si es necesario.

Conclusión

La reintegración social después de un trauma es un proceso gradual que requiere valentía y paciencia. Al reconectar con la comunidad y comprometerse con actividades sociales, puedes reconstruir las relaciones y el sentido de pertenencia que el trauma pudo haber debilitado. Este capítulo subraya la importancia de las conexiones humanas y cómo pueden ser fundamentales para tu sanación emocional. A medida que te permites formar parte de un entorno social de apoyo, también estás dando pasos hacia una vida más equilibrada y satisfactoria.

24

Momentos de reflexión y paz

En medio del ajetreo diario y las luchas emocionales que vienen con el trauma, encontrar momentos de paz interior es esencial para la recuperación. La capacidad de detenerse, respirar y encontrar tranquilidad en el presente puede ser el ancla que nos mantenga firmes durante los momentos difíciles.

En este capítulo, exploraremos herramientas y técnicas para encontrar momentos de calma y reflexión. Prácticas como la meditación, la respiración profunda y el *mindfulness* son efectivos para crear una conexión interna con la paz, aun en tiempos de caos.

Ejercicio de meditación y reflexión

1. Encuentra un lugar tranquilo donde puedas reflexionar sin distracciones. Dedica unos minutos cada día a simplemente estar presente y en calma. Cierra los ojos y concéntrate en tu respiración, permitiendo que los pensamientos vayan y vengan sin aferrarte a ellos.

2. Escribe sobre lo que sientes durante esos momentos de tranquilidad. Reflexiona sobre cómo te ayuda a

encontrar paz en medio del caos. ¿Qué pensamientos o emociones surgen durante este tiempo de calma? Mantener un diario puede ser una herramienta valiosa para observar tu progreso.

3. Practica la gratitud durante estos momentos. Reflexiona sobre las cosas buenas que tienes en tu vida y cómo te hacen sentir. La gratitud es una herramienta poderosa para cambiar tu perspectiva y encontrar alegría en las pequeñas cosas.

Conclusión

Dedicar tiempo a la reflexión y la paz interior es un acto de autocuidado profundo. A través de la meditación, el *mindfulness* y la gratitud, puedes cultivar un espacio interno donde la tranquilidad y el equilibrio emocional se conviertan en tus aliados en el camino de la sanación. Este capítulo nos recuerda que, aunque el entorno externo esté lleno de desafíos, siempre puedes encontrar un refugio en tu propio ser. Al priorizar estos momentos de calma, estarás mejor preparado para enfrentar el mundo con claridad y fortaleza.

25

Caminando hacia la luz

Superar un trauma no es un proceso lineal ni fácil. Requiere paciencia, fortaleza y un profundo deseo de sanar. Este capítulo se centra en compartir historias de personas que han recorrido este camino y han logrado encontrar la luz al final del túnel. Al compartir estas historias, espero inspirarte a creer que, sin importar cuán oscuro parezca el camino, siempre hay esperanza y posibilidades de una vida plena y feliz.

Historias de superación

1. Laura: Después de perder a su esposo en un accidente automovilístico, Laura luchó durante años con la depresión y el aislamiento. Sin embargo, decidió unirse a un grupo de apoyo para viudas donde encontró consuelo en compartir su dolor con otras mujeres que habían vivido experiencias similares. Con el tiempo, Laura comenzó a encontrar un nuevo sentido de propósito al ayudar a otras mujeres a superar su duelo. Hoy en día, lidera talleres de sanación para viudas, ofreciendo esperanza y guía a quienes están sufriendo.

2. Javier: Habiendo crecido en un hogar abusivo, Javier cargó con el trauma de su infancia durante gran parte de su vida. Con la ayuda de terapia intensiva y un sistema de apoyo sólido, Javier logró transformar su dolor en fuerza para ayudar a otros. Ahora trabaja como terapeuta especializado en ayudar a víctimas de abuso infantil, brindando esperanza y apoyo a aquellos que están comenzando su camino de sanación.

3. María: Sobreviviente de una enfermedad grave, María enfrentó no solo los desafíos físicos de la recuperación, sino también el trauma emocional que venía con la experiencia. A través de la meditación y el yoga, María encontró una manera de reconectar con su cuerpo y su mente. Ahora enseña yoga a otras personas que están recuperándose de enfermedades graves, ayudándolas a sanar tanto física como emocionalmente.

Estas historias no solo son un testimonio de la fuerza del espíritu humano, sino también un recordatorio de que la sanación es posible. Cada uno de estos individuos enfrentó desafíos monumentales, pero su determinación de no dejarse vencer por el dolor les permitió encontrar la luz al final del túnel. Sus historias sirven como inspiración para que tú también encuentres tu camino hacia la paz y la felicidad.

Conclusión

Las historias de superación compartidas en este capítulo ilustran que, aunque el trauma puede ser devastador, no tiene por qué definirte. El camino hacia la sanación está lleno de altibajos, pero también está marcado por momentos de esperanza y transformación. Al leer estas experiencias de personas que han encontrado la luz al final del túnel, es posible que te sientas inspirado para creer en tu propio proceso de recuperación. La sanación es posible y tú también puedes caminar hacia la luz, rodeado de apoyo y con una renovada esperanza en el futuro.

26

El poder de la vulnerabilidad

Este capítulo explora cómo la vulnerabilidad, lejos de ser una debilidad, es una poderosa herramienta de conexión y crecimiento personal. Ser vulnerable no significa ser débil, sino tener el valor de mostrarse tal como uno es, con defectos y heridas. Para aquellos que han sufrido traumas, la vulnerabilidad puede ser una forma de reconstruir las conexiones humanas y redescubrir la autenticidad en las relaciones.

Ejercicio de vulnerabilidad

1. Reflexiona sobre una experiencia en la que te sentiste vulnerable. ¿Qué aprendiste de esa situación?

2. Piensa en una persona con la que te gustaría abrirte más. ¿Cómo podrías expresar tus sentimientos de manera honesta y segura?

3. Practica la autoaceptación reconociendo que ser vulnerable te hace humano, no débil.

Conclusión

La vulnerabilidad nos permite reconectar con nuestra humanidad y construir relaciones más auténticas. Enfrentar el miedo de mostrarse tal como uno es puede ser transformador y, a menudo, el primer paso hacia una vida más plena y conectada.

27

La sabiduría del cuerpo

El trauma no solo afecta la mente, sino que también se almacena en el cuerpo. Este capítulo explora cómo las prácticas de conexión mente-cuerpo, como el yoga, la danza y la respiración consciente, pueden ayudar a liberar las emociones atrapadas y sanar desde adentro. A través de escuchar nuestro cuerpo, podemos deshacernos de los bloqueos emocionales y redescubrir una sensación de bienestar físico y emocional.

Ejercicio de escucha corporal

1. Tómate unos minutos cada día para escanear tu cuerpo mentalmente. Observa cualquier tensión o incomodidad sin juzgarla.

2. Realiza una práctica de respiración profunda enfocándote en cada parte del cuerpo donde sientas tensión.

3. Incorpora una actividad física suave como yoga o estiramientos para ayudar a liberar la energía atrapada en el cuerpo.

Conclusión

El cuerpo guarda la memoria de nuestras experiencias y prestar atención a sus señales es clave para una sanación integral. A través de estas prácticas de conexión mente-cuerpo, podemos liberar emociones no resueltas y restaurar el equilibrio físico y emocional.

28

El arte de la resiliencia

La resiliencia es la capacidad de adaptarse y recuperarse de las adversidades. En este capítulo se exploran las formas en las que el ser humano puede aprender y cultivar la resiliencia como un arte, aprovechando las lecciones del trauma para fortalecerse y seguir adelante. La resiliencia no es innata; es una habilidad que se puede desarrollar y perfeccionar.

Ejercicio para fortalecer la resiliencia

1. Haz una lista de los obstáculos más grandes que has superado en la vida. Reflexiona sobre las lecciones que aprendiste de cada uno.

2. Establece un objetivo desafiante pero alcanzable. Usa tu pasado como una fuente de fuerza para enfrentarlo.

3. Desarrolla un mantra personal que te recuerde tu fortaleza en momentos difíciles.

Conclusión

La resiliencia es una cualidad que todos podemos cultivar. Al aprender del pasado y confiar en nuestra capacidad para superar las adversidades, podemos enfrentar los desafíos de la vida con mayor confianza y determinación.

29

Reconstruyendo la autoestima después del trauma

El trauma puede destruir la autoestima, pero también puede ser una oportunidad para reconstruir una relación más fuerte con uno mismo. Este capítulo guía al lector a través de estrategias para restaurar la confianza en sí mismo y aprender a valorarse nuevamente, no a pesar del trauma, sino gracias a la resiliencia que ha cultivado en el proceso.

Ejercicio de reafirmación personal

1. Escribe tres afirmaciones positivas sobre ti mismo cada mañana. Repite estas afirmaciones frente a un espejo con convicción.

2. Identifica una acción que te haga sentir seguro de ti mismo y practica hacerla con regularidad.

3. Reflexiona sobre cómo tus experiencias de vida te han hecho más fuerte y único.

Conclusión

Restaurar la autoestima es un proceso gradual, pero posible. Al comenzar a ver el valor en uno mismo y en las experiencias que te han formado, puedes crear una nueva narrativa más poderosa sobre quién eres y quién estás destinado a ser.

30

Celebrando el viaje de sanación

El último capítulo celebra el viaje que cada lector ha recorrido en su proceso de sanación. Más allá de las heridas y los desafíos, este es un espacio para reconocer el crecimiento, las lecciones aprendidas y el futuro que se está construyendo. Sanar no es un destino, es un viaje continuo y cada paso en ese camino merece ser celebrado.

Ejercicio de celebración personal

1. Haz una lista de todo lo que has logrado en tu proceso de sanación, desde los pequeños logros hasta los más significativos.

2. Planea una actividad o evento que simbolice tu crecimiento y que te permita celebrar tu fortaleza.

3. Escribe una carta a tu yo pasado, agradeciéndole por haber sido valiente y por no haberse rendido.

Conclusión

Cada paso en el camino hacia la sanación merece ser celebrado. Este capítulo es un recordatorio de que, aunque el proceso nunca termina por completo, el simple hecho de haber empezado ya es una victoria en sí misma.

Índice